人生从来

靠自己

成全

张幼仪

传

汪晓寒 著

团结出版社

© 团结出版社，2023 年

**图书在版编目（ＣＩＰ）数据**

人生从来靠自己成全：张幼仪传 / 汪晓寒著 . --
北京：团结出版社，2023.4（2025.5 重印）
　ISBN 978-7-5126-9812-3

　Ⅰ . ①人… Ⅱ . ①汪… Ⅲ . ①张幼仪（1900-1988）
－传记 Ⅳ . ① K828.5

中国版本图书馆 CIP 数据核字 (2022) 第 204989 号


责任编辑：宋怀芝
封面设计：阳洪燕

出　　版：团结出版社
　　　　　（北京市东城区东皇城根南街 84 号　邮编：100006）
电　　话：（010）65228880　65244790（出版社）
　　　　　（010）65238766　85113874　65133603（发行部）
　　　　　（010）65133603（邮购）
网　　址：http://www.tjpress.com
电子邮箱：zb65244790@vip.163.com
经　　销：全国新华书店
印　　装：三河市东方印刷有限公司

开　　本：160mm×230mm　16 开
印　　张：13.75　　　　　　　　字　　数：181 千字
版　　次：2023 年 4 月　第 1 版　　印　　次：2025 年 5 月　第 2 次印刷

书　　号：978-7-5126-9812-3
定　　价：48.00 元

# 目 录

第一章

# 旧世飘零
# 弄梅骑竹嬉游日

# 【1】斯人斯地，静女其姝

我们走在一条永远只能向前的路上，并不知自己为何出发。

对不同的人来说，这条路有着不同的模样。有些人的路，以鲜花铺就，星光万千；有些人的路，荆棘遍布，崎岖坎坷；但更多人的路，却是荆棘与星光交错，幸福与遗憾编织……

每一种路，对行者来说，都是一段修行与磨砺。有的人从一开始就坚定信心，从不曾放弃，一路向前；也有的人，没有坚定的内心力量，他们犹豫，他们彷徨，在生命的某个瞬间，他们陷入人生的低谷，甚至感觉也许下一秒自己的路便走不下去了……

于是他们翻找书籍，试图从故纸堆里寻找吉光片羽，得到正确的答案，来指引他们的人生前行。他们拨开旧时光的迷雾，打开往事的抽屉，沿着岁月的足迹与时间的压痕，去寻找那个能给予他们回答的人。

他们走的那条路叫人生，那些能给予他们回答的人叫历史。

当往事的烟尘逐渐散去，那些回答者，也一一从泛黄的书页里向他们走来。他们中，既有一帆风顺、成就伟业的人；也有半生落魄却怡然自得的人……

在那些从岁月里逐一清晰的人影中，有一位特殊的女子，她穿着得体的旗袍，戴着精致的耳环，化着淡妆，优雅且自信。她嘴角勾勒出一抹微笑，对所有人说："你好，我叫张幼仪。"

张幼仪，又名张嘉玢，云裳服装公司总经理，中国第一位女银行家，中国第一桩新式离婚案的主角……

这个女子身上有着诸多头衔，然而最为大众熟知的，是她的另一个身份——徐志摩的夫人。

张幼仪，是一个本该以女子自强、自立、自信而闻名的名字。

历史的盖头总会掀开，时间的面纱也终会腐朽。当我们再次与历史对面的时候，张幼仪终于清晰地站在了我们的前面，她面色温柔地告诉我们她的往事，她的心酸，她的涅槃，她指引着那些曾像她一样陷于混沌、徘徊无措的人，寻找各自的方向。

张幼仪出生于 1900 年，一个新旧世纪交替的年份。

在此之前，人们依旧保持着封建制度下千百年来日出而作、日落而息，一成不变的生活；而在此之后，革命、共和、民主、自由这些词逐渐深入人心，中国也迎来了千年未有之变局。

英国社会空想主义者罗伯特·欧文说："人是环境的产物。"1900 年这个特殊的年份，仿佛早已为张幼仪的人生写好了注脚，让张幼仪的身上，明晰可见新时代独立女性与旧时代大家闺秀两种判若鸿沟的色彩。

人们往往对于自己身处时代的变化一无所知。尤其是 1900 年——这个在中国历史上刻下了深深印痕的特殊时间。

这一年，中国北方大地风雨飘摇，义和团运动方兴未艾，八国联军进京，让北京那座千年雄城，仿佛成了猎人枪下的猎物。

但在南方，在那座名为"宝山"的县城里，人们依旧一日三餐，平平淡淡，过着与世无争的生活。

宝山县域自唐朝至南宋嘉定年间，归属于昆山。嘉定十年（1217 年），宋宁宗将昆山县（今昆山市）东境分出，以年号为名，置县"嘉定"，宝山县域也归到此处，此后历南宋、元、明、清四代，未曾变革。

雍正二年（1724 年），因经济发展，江南人口大幅增长，尤其是江苏的苏州、松州、常州三地，人口的增长，使得管理难度骤增，两江总督查弼纳适时向朝廷上奏，建议苏州、松州、常州三府的十三个县各分置一县，改为二十六县。宝山，就是在此时从嘉定县（今嘉定区）东境分出，从而置县的。

宝山的得名，颇有些传奇色彩。据说与明朝永乐年间的郑和下西洋有关。郑和下西洋，是自南京龙江港出发，顺长江出海口而下，而后航行到世界各地。但长江出海口暗礁遍布，大海浩渺无际，船只触礁、搁浅、迷航等是常事。

为了给郑和的船队一个标识，明成祖朱棣特地在海边修建了烽火墩。奇怪的是，在烽火墩未建之前，便已有百姓在江面上和海面上回看陆地时见到有山，而烽火墩就建在百姓曾看到山的位置，久而久之，百姓们便将烽火墩所在的位置称为"宝山"。

后来，这个传说不知如何传到了明成祖朱棣的耳朵里，朱棣专门为此刻碑记事，《明成祖御制宝山碑记》由此而成。

张幼仪便降生在宝山这个乱世飘摇下的安宁小城。

# 【2】簪缨世族，钟鼎人家

时光的指针拨回1900年。

这一年，若是有一个外地人来宝山，向当地的老百姓询问何处有良医，宝山人必定会提起一个地方——式训堂。

式训堂是一座位于宝山县真如镇中心的大合院。合院坐北朝南，一处府邸，一处闲居，另外还有一座开了八扇桃花心木门的前厅和数间厢房。彼时，真如镇上的大多数家庭，都只有一个院子和四扇门的正厅，所以式训堂在真如镇，称得上首屈一指。

居住在式训堂的，就是张幼仪的家族——真如张氏。

张家的祖先早年经营盐业，积累了大量财富和田产。到了张幼仪曾祖父这一代，也许是厌倦了商场的尔虞我诈，也许是在看到人间疾苦之后内心的指引，张幼仪的曾祖父并没有像先祖一样在盐业中继续开拓，而是开始转行行医。因医术高超，加之常常接济穷人，张幼仪的曾祖父在百姓中颇有善名。

张幼仪的祖父叫张鼎生，原名荣，字孝臣，号铭甫，生于嘉庆十六年（1811年）。二十六岁那年，张鼎生考中举人，算得上青年才俊。

在考中举人七年后，张鼎生补四川通江知县。其后历任内江、屏山、垫江知县，天全、合州、会理刺史以及邛州、直隶州知府，平步青云，功绩卓著。

初入仕途，任职内江知县时，年仅三十三岁的张鼎生曾乘船过瞿塘峡。站在船上，行舟水中，见瞿塘峡两岸悬崖绝壁、刀削斧砍，峡谷之中江水奔流汹涌，张鼎生豪气干云，指水为誓："此去如有妄取于民者，不复渡此江。"

后来张鼎生迁任合州刺史，太平天国席卷大半个中国，合州境内有张大同兄弟四人，假借防御太平军之名，组建私人武装，强征赋税，横行霸道，被百姓称为"四凶"，甚至跋扈到一度威胁官府。

当年曾指水为誓的张鼎生，又怎能容忍自己治下的百姓遭受这等威胁？于是以计除去"四凶"。此事发乎张鼎生本心，但是却被时任川督的骆秉章所注意，张鼎生由此迁任邛州知州。

张鼎生调任邛州知州之前，邛州刑狱混乱，狱中人满为患，调任邛州知州后，张鼎生依律治狱，邛州狱治为之一清，百姓多有称赞。

为官一任，造福一方。也许是张幼仪的祖父在任上政绩卓著，朝廷特地御赐了张家两顶轿子。

据《清史稿》所载："满洲官惟亲王、郡王、大学士、尚书可乘轿，贝勒、贝子、公、都统及二品文臣，非年老者不得乘轿，其余文、武均乘马。汉官文职可乘轿，三品以上、京堂，轿顶用银，帏盖用皂，在京轿夫四人，出京八人；四品以下轿夫二人，轿顶用锡。直省督抚，轿夫八人；司道以下、教职以上，轿夫四人；杂职官不得坐轿。"

又据《啸亭续录》所述："国朝定制，王、贝勒、贝子皆乘马入禁门，至景运门下骑，诸大臣一仍明制。"

根据两本史料所述，可以发现，清朝不仅对乘轿有着严格的规定，而且连乘轿的区域都有严格的划分，尤其是紫禁城区域，没有皇帝特许，进入紫禁城便只能停轿，改为步行。

但张幼仪晚年曾对后辈回忆，祖父不仅被朝廷赏赐了两顶轿子，而且还经常定时乘坐这两顶轿子入宫。

仅有荣宠是不能坐轿入宫的，因为还需要大量的银钱支持。《清稗类钞·舟车类》曾载："至同治甲子，则京堂三品以下无乘轿者，以轿须岁费千金，一品大员始有多金可雇轿役也。"

能坐的坐不起，坐得起的不能坐，这就是当年清朝轿子使用的情况。不过对于张家来说，他们不仅能坐，还坐得起，甚至还能乘坐轿子进入紫禁城。

两顶轿子，足以显示当年张家的煊赫与富贵。

岁月流转，世事变迁。张幼仪的祖父在仕途上前行了三十余年后，选择了辞官迁居嘉定，享受与家人的欢聚时光。

清光绪十一年（1885 年），当年意气风发步入官场的青年已垂垂老矣，儿女也都已长大。

张幼仪的父亲叫张祖泽，字幼涛，号"润之"。年少时，张祖泽曾跟随吴县名医曹智函学习中医，奠定了坚实的医学基础。学有所成后，张祖泽一方面潜心书本，研究《灵枢》《素问》，一方面又超脱书本，注重实学，治病救人"投方辄奏效"，求医者接踵而至。被张祖泽治好的病人，常常送来宰杀好的鸡鸭、土鸡蛋和青菜以表谢意。

当自己的病人交不起诊疗费的时候，张祖泽从未拒绝过为他们治病。因张祖泽喜画，有些病人痊愈后会赠一些国画给张祖泽作为诊金。即便是很多年以后，依旧有人找到张幼仪，热切地告诉她，张祖泽曾救了自己家的某位亲人。

张幼仪的母亲姓刘，是一位传统女性。

刘氏与张祖泽是指腹为婚，在刘氏两岁、张祖泽还未出生时，这门亲事便已经定下。刘氏长大之后，依照两家的约定，嫁给了张祖泽，自此相夫教子，当家立计。

也许是多年来与丈夫张祖泽相伴左右，对中医耳濡目染，刘氏对中医也颇有心得。在当家立计的空闲之余，刘氏常与丈夫一起制药，送给附近的穷苦人家，帮他们治病。夫妇二人因为此举，在真如镇颇具名望。

不接待病人的时候，张祖泽喜欢寄意书画，鉴别古玩，收罗金石，寻找孤本，多年下来，夫妇二人积累了丰厚的财富。

## 【3】张氏娇女，鸠车竹马

自古以来，凡名门望族，无一不是家大业大，人口众多。作为真如望族的张家，同样如此。

张幼仪的祖父张鼎生曾先后娶过两位太太。大太太很早就过世了，生有二子——张祖恩和张祖寅，二太太为张鼎生诞下一子张祖泽，二太太便是张幼仪的祖母。

张鼎生过世后，作为当家主母，张幼仪的祖母开始在张祖恩的协助下，操持全家的大小事务。一个旧式妇女，需要操持全家，自然殊为不易，在张祖恩、张祖寅、张祖泽三兄弟结婚生子后，家中人口增加，照顾起来更是难上加难。

无奈之下，张家只好雇用诸多佣人。张家三支，每家都有各自的厨房和厨师，甚至张家还专门请了做鞋子的佣人。那时人们所穿，大多是布鞋，非常不耐磨，往往一双鞋破了之后，缝了又缝，补了又补，但张家从来无此忧虑，因为每当鞋子破了时，佣人早已将新鞋子准备好了。

在张幼仪出生之前，张祖泽已经有七个孩子，张幼仪排行第八，是家里的第二个女孩，所以张幼仪在张家被称为"二小姐"。

若在如今，一般人家如有孩子降生，不论男女，必然欢天喜地，门到户说。但是那个年月，一个孩子的降生，尤其是一个女孩的降生，对于一个家庭来说，似乎是一件不足为道的事。

在宝山，有一个传统习俗：凡是男孩降生后，会有人将男孩的脐带收藏于一个罐子里，藏于母亲床下；而女孩降生后，脐带则会被埋在屋子外面。因为女孩子长大成人，就会嫁人，成为"外人"，这便是所谓的"嫁出去的女儿，泼出去的水"。

张幼仪，亦曾遭遇这些。

张幼仪出生后，张幼仪的母亲又陆续诞下四个孩子，加上张幼仪和之前的七个，张家一共有十二个子女，但张幼仪的母亲每次与外人谈起自己的孩子时，只称自己有八个孩子，其余皆不作数。

张幼仪的母亲之所以如此对外人说道，是因为十二个子女中有四个是女孩。

张幼仪出生之后，起名一事自然就被提上张家的议程。

张幼仪有两个名字，学名"嘉玢"，小名"幼仪"。

作为宝山的大家族，张家后代的取名十分讲究。张幼仪的父亲张祖泽迎娶妻子进门的时候，曾作过一个对句："嘉国邦明。"

这四个字的意思有两层，第一层为"国家美好，国土光明"。第二层则出自《尚书·夏虞书·尧典》中的"克明俊德，以亲九族。九族既睦，平章百姓。百姓昭明，协和万邦。黎民于变时雍"。意为从个人修养，到团结家族，然后再推及国家，又是乃至天下，四海升平。

"嘉国邦明"这个对句中的每一个字，对应的都是张家孩子的辈分，张幼仪所在的那一辈，便是"嘉"字。

张幼仪名字的第一个字确定好之后，张祖泽便确定了张幼仪名字的第二个字——"玢"。

玢是一种光彩照人的美玉，司马相如在《上林赋》中曾写："瑊玏旁唐，玢豳文鳞。"

因为"嘉玢"这个名字，张幼仪还收到过一件来自父亲的礼物。有一年，张祖泽外出旅游，带回来一枚精致的别针，那枚别针由玢玉制成，在阳光下闪闪发亮。父亲之所以送这枚别针给张幼仪，只因为张幼仪的名字里有个"玢"字。

张幼仪的大名引经据典，小名亦很讲究。

《释言》说："幼，鞠，稚也。"而《说文解字》则说："仪，度也。从人义声。""幼仪"这两个字，一个指向年龄幼小，一个则指向人的外表或举动。

张幼仪曾说自己的名字"幼"为善良，"仪"为端庄、正直。这样的说法，无疑是最完美的解释。

中国人似乎总有一种家国情怀，尤其是在风雨飘摇的年代里。如果说张幼仪的大名投射的是张祖泽对国家的期盼，那么小名则表现了张祖泽对女儿个人品行的要求。

张幼仪年少时，曾经度过了一段欢乐的时光。

张家曾经养过一条德国牧羊犬，这条狗是张幼仪的一位堂哥在国外留学带回来的。它被带回来的时候还小，十分可爱，毛茸茸的，张幼仪时常和这只狗一起玩耍。但是后来这只狗不知为何突然生病了，全身开始掉毛、流脓。

不久，也许是张家人觉得张幼仪和这只狗接触会影响健康，所以给这只狗喂了毒药。许多年以后，当张幼仪回忆起这只狗时，言语之中不乏惋惜。也许在张幼仪心里，那条德国牧羊犬对她来说，不仅仅是张家的一个宠物，而更像是张幼仪幼年时的一个朋友，一个玩伴。

幼时陪伴张幼仪的，除了堂哥带回的那只小狗，还有一位阿嬷。阿嬷小时候在乡下长大，后来成了张家的佣人。

张幼仪年幼的时候，这位阿嬷给张幼仪喂奶，等张幼仪稍微长大了一些，则由这位阿嬷照顾张幼仪的起居。

每天早上，阿嬷会为张幼仪梳好辫子，到了晚上，阿嬷会帮张幼仪脱衣服，照顾她上床睡觉。有时候，阿嬷还会给张幼仪讲故事。

阿嬷最常讲的故事是关于一对姐妹的：

传说很久以前，月亮上住着一对姐妹，每天晚上都会有人对着这对姐妹凝望，这对姐妹非常害羞，她们不想被别人凝望，可却又无可奈何。

这对姐妹有一个哥哥，居住在太阳上。想来想去，这对姐妹提出了和哥哥调换居住地的办法，但哥哥却告诉两个妹妹，太阳白天升起，地面上会有更多的人看她们。

这对姐妹对哥哥说，她们有办法，要是地上的人们再看她们，她们就把阳光变成七十二根绣花针，对着人们的眼睛，这样人们就不敢再看了。

关于这个故事的结局，有两个版本，分别来自阿嬷和母亲。

阿嬷说，这对姐妹最终还是和哥哥换了居住的位置，住到了太阳上。而母亲则告诉张幼仪，这对姐妹从来没离开过月亮。两个版本的结局，无论哪一个，都曾引起过年幼的张幼仪无尽的遐想。

晚上，当阿嬷将张幼仪早上梳好的辫子散开时，张幼仪就会盯着窗外的月亮看，寻找月亮中那对姐妹；白天，当张幼仪在张家后院玩耍，感觉到头顶和背上滚烫时，张幼仪就会猜想，那对姐妹肯定是在太阳上注视着自己。

有时候，阿嬷甚至会亲自指给张幼仪看月亮中的那对姐妹，教张幼仪辨认月亮中那对姐妹漂亮的绫罗裙和小巧的绣花鞋。阿嬷还会哄她，说如果她乖乖的，她长大以后也会像月亮中的那对姐妹一样漂亮。


# 【4】三寸金莲，缠足之痛

岁月倥偬，转眼张幼仪已三岁。这一年，张幼仪的母亲做了一个重大决定——给张幼仪缠足。

张幼仪永远记得自己缠足的那段经历，因为实在太过痛彻心扉。

那是 1903 年的农历腊月二十三，距离春节还有六天。按照民间的说法，这一天是灶神节。虽说平日里大家也会将灶神供起来，挂上灶神画像，贡上水果，但是这一天却是最重要的，因为这一天灶神会上天向玉皇大帝禀告自己庇佑的这户人家的优缺点。

为了让灶神上天之后多说自己家的好话，在这一天里，家家户户会准备好美食，尤其是软软糯糯的汤圆。

那年的灶神节，在全家祭拜完灶神之后，张幼仪的阿嬷特意让张幼仪吃完了一整颗汤圆。在吃完汤圆之后，阿嬷告诉张幼仪，吃汤圆有助于张幼仪变软。

当时，张幼仪还不明白阿嬷的话是什么意思，到了第二天，张幼仪明白了，阿嬷的话代表着一个噩梦。

第二天一早，张幼仪的母亲和阿嬷打了一盆温水，又带了一条白棉布来到张幼仪跟前。她们先让张幼仪将脚泡在水里，然后又用水将白棉布打湿，之后开始弯曲张幼仪的脚，将张幼仪的脚趾弯到脚底，直到形成新月的形状，然后俩人用那条白棉布一圈圈绕上去，裹紧。

从来都没有过如此经历的张幼仪痛得尖叫。张幼仪不仅感觉自己的脚缩成了两只小虫，甚至眼前还一度出现一片血红。

当张幼仪尖叫时，曾经喜欢张幼仪的阿嬷此时仿佛变成了一个可怕的老太太。她教训着张幼仪，告诉她，所有的小丫头都想缠脚。

阿嬷之所以如此说，是因为阿嬷知晓在那个年代缠足对于一个女人的重要性。等到姑娘长大要出嫁时，未来的公婆会问及女孩当年缠脚的时候牢骚多不多。如果牢骚过多，他们就会重新考虑要不要让女孩进门。

而且作为宝山望族的张家，一旦出了一个不缠脚或者缠脚时牢骚过多的女儿，且不说这个女儿未来嫁不嫁得出去，就连张家也会成为宝山的笑话。

但这些都是大人们所顾虑的，当时年仅三岁的张幼仪哪里管得了这么多。脚疼，她便哭闹。

为了稍微减轻一些张幼仪的痛苦，张幼仪的母亲想了一个转移女儿注意力的办法：她在厨房摆了一张小椅子，将张幼仪置于椅子上，让张幼仪观察厨房的厨师烧菜。

但是，当疼痛到一定地步之后，即便是再怎么转移注意力也是无用的。尤其当那些厨师用闪着光的刀剁肉时，张幼仪甚至感觉那刀不是剁在肉上，而是剁在她的脚上，要将她的脚趾砍断。

张幼仪缠脚，父亲和哥哥们也不是没有来看过她，只是也许是他们不想面对哭泣与尖叫声，在来过之后又走了。

这样的日子一直持续了三天，虽然每天张幼仪脚上带血的布条都会取下来清洗一次，但是在清洗过后，它又会再次裹在张幼仪的脚上。

事情真正发生转机是在第四天，也许是受不了妹妹的尖叫声，也许是心疼妹妹，张幼仪的二哥张君劢走到母亲面前，让母亲停止给张幼仪裹脚。

张君劢原名嘉森，幼时便聪慧无比，悟性过人，六岁上私塾，十二岁时便考入上海广方言馆。在那里，张君劢不仅学会了英文，而且在国学上也有了一定造诣，对《通典》《通志》《文献通考》等国学传统书籍有了很深的研究。十五岁时，宝山县乡试，张君劢轻松考中秀才，十六岁时又考入震旦学院（后改为复旦大学）。

面对儿子的要求，张幼仪的母亲颇为迟疑。她告诉张君劢，如果张幼仪不裹脚，日后张幼仪可能会自食苦果，没有人娶。

在外游学多年的张君劢告诉母亲，现在外面已经没有人缠脚了。

但即便张君劢的理由这样充分，母亲依旧未能答应。无奈之下，张君劢只能对母亲许下诺言，若是以后无人娶二妹，自己便照顾她一辈子。

无法想象，如果没有张君劢，张幼仪是不是真的会变成小脚女子；也无法判断，一个裹了脚、行动不便的张幼仪，在鼓起勇气与徐志摩离婚后，是否还有机会去担任云裳服装公司的总经理以及上海女子商业储蓄银行的副总裁，将自己的人生从头来过。

在二哥的干预下，张幼仪最终摆脱了裹脚的痛苦，但却也遭受了不少非议。张幼仪的阿嬷常常担忧，没有裹脚的张幼仪以后该如何自处，因为在这个从乡下来，长年待在张家的妇女眼中，一个女子不裹脚，既不能帮丈夫下地干活儿，又不能安安静静当个贤良淑女，以后的日子只怕不好过。

# 【5】悠游岁月，尊卑有伦

摆脱了缠足束缚，重获自由的张幼仪，仿佛解放了天性，进入一个新的世界。

有时候，张幼仪会进入厨房，在厨房里跟着厨师转来转去，看着他们如何剥虾壳，如何处理食材；有时候，张幼仪也会和其他的堂兄弟姐妹一起，在张家后院追逐甲虫。

每当那些甲虫想逃跑的时候，张幼仪就可以用已经解放的双脚，将那些可怕的甲虫一脚踩扁，而那些裹脚的姐妹，行动则远没有张幼仪迅速。

因为比不过张幼仪，那些堂兄弟姐妹常常嘲笑张幼仪没有缠足，是个"小村姑"。但张幼仪从不懊恼，而是大胆地与他们争吵，而后又迅速地跑开，与堂兄弟姐妹们相互追逐。

此时的张幼仪，不用背负几千年流传下来的、世俗礼教强加于女子的压力，可以和其他小女孩一样玩闹。

除了在家里乱窜，或者与小朋友们一起玩耍，有时候哥哥们也会给张幼仪讲当时的社会状况以及中国时政，甚至他们根本不管自己这个幼小的妹妹到底听不听得懂。

张家的前院，是留给客人用的，在前院的墙角，生长着一株瓜藤，瓜藤翠绿茂盛，上面结了数个沉甸甸的瓜果。有一天下午，张幼仪正在前院玩耍，张君劢突然走了过来。

"二妹，你已经长大了，可以了解世界了。"少年老成的张君劢颇为严肃。

"嗯？"年幼的张幼仪睁大水汪汪的眼睛看着二哥。

张君劢从那株瓜藤上摘下一个瓜，放在张幼仪面前。

"这个是中国。"张君劢指着瓜说。

接着，张君劢又拿过来一把刀，将瓜一刀剖开，切成两半。张君劢举起较大的那一半瓜给张幼仪示意："这半边是被外国人据为己有的中国省份和港口。"

张幼仪听不懂，只是看着二哥。

二哥继续自己的讲解，他又挖了一块瓜肉，以这块瓜肉示意："中国的五个通商港口，上海、广州、厦门、宁波和福州，清廷把它们开放给了英国。"

在讲完这些之后，张君劢又给张幼仪讲洋人如何欺压中国人；义和团如何兴起以及和洋人作战；光绪和慈禧为何弃京出逃，在西安流亡期间又是怎样豪奢……

美好的下午，兄妹二人坐在一起分一个瓜，本来应该是一段悠闲快乐的时光，但是在张君劢的一番话语之下，变成了一堂有点枯燥的了解世界的教育课。

对张幼仪来说，这段经历实在算不上愉快，因为那时，年幼的张幼仪想的也许只是赶紧吃掉二哥手中的瓜，可二哥偏偏还得说上一大段。

可对后来的张幼仪来说，这段经历就像一颗种子，不知不觉埋入了张幼仪的心里，当张幼仪真正长成一棵参天大树时，她才发觉，自己之所以能在与徐志摩离婚之后拥有如此强大的力量，是因为了解世界这颗种子早已在自己心里生根、发芽。

如果说是二哥张君劢给张幼仪埋下了了解世界的种子，那么父亲张祖泽则给予了张幼仪对生活的复杂态度，一方面，张祖泽以封建道德观念来限制张幼仪，另一方面，张祖泽教会张幼仪享受和热爱生活。

张幼仪幼年时，张祖泽会给张幼仪讲一些小故事，如《恣蚊饱血》《老莱娱亲》等。张祖泽并不是像古人那样要求张幼仪进行背记，而是会将一些他所认为的作为女儿应该遵从的尊敬长上、循规蹈矩等品行隐藏于这些故事之中。

小孩喜欢听故事，尤其是在那个娱乐活动匮乏的年代，张幼仪也同样如此。许多年后，张幼仪仍旧记得父亲曾给她讲过的《哭竹生笋》的故事：

三国时期，江夏少年孟宗年幼丧父，其母年老体衰，与其相依为命。一日，母亲不适，求医问药，小孟宗得知新鲜的竹笋能够医好母亲，于是到处寻笋，以期母亲能够早日痊愈。

适逢隆冬，竹笋生长于春日，根本无笋可寻。孟宗深感绝望，于竹林之中扶竹而哭，乃有笋出。竹笋汤顺利做成，母亲的病也大有好转，故事由此流传于世。

除了故事的潜移默化，张幼仪家严肃的家庭氛围对张幼仪也有很大影响。张幼仪的父亲张祖泽，暴脾气且重规矩。张幼仪每次与父亲相处，都格外小心，言行举止亦有着严格的规范。

若非张祖泽要求，张幼仪从来不在张祖泽面前出现；若非张祖泽许可，张幼仪从不会先离开；若非张祖泽先对她出口说话，张幼仪必然不能先出声；张祖泽训斥张幼仪的时候，张幼仪必然要鞠躬，感谢张祖泽的纠正。

甚至，张幼仪从来都不能用"你"来称呼张祖泽，在给张祖泽倒茶的时候，张幼仪不能说"你要不要再来杯茶"，只能说"爸爸要不要再来杯茶"。

这样的培养，让张幼仪形成了谨小慎微的性格，以至张幼仪大多时候都不问张祖泽要不要添茶，而是先把茶倒好，事先预料张祖泽需要什么，如此顺乎张祖泽心意，才能在张祖泽面前和张氏这个大家族里显得更加孝顺。

晚年，张幼仪回忆自己的过往时，曾着重叙述过这段往事。也许在张幼仪看来，自己的前半生之所以活得唯唯诺诺，与这些经历有分不开的关系吧。

当然，在父亲面前，张幼仪也不是没有感到轻松的时候，比如在"吃"这件事上。

张祖泽是个名副其实的老饕，对吃有着异乎常人的追求。除了中国传统的对于食物色、香、味俱全的要求，张祖泽甚至对食物摆在盘里的样子，夹于筷尖的分量，卷在舌尖的触感，嚼在嘴里的声音，吞进喉咙里的感觉，都有着严格的要求。

为了满足张祖泽对食物的要求，张家有数个厨子。每天一大早，厨师、大伙夫和二伙夫就站成一排，站在张祖泽面前，向张祖泽大声报告当日从市场上买回了哪些新鲜的蔬菜以及肉类，张祖泽则会根据情况决定并宣布当日家中吃什么。当然，有时候，张祖泽也不会听厨师买回了哪些菜，而是自行决定当日的菜品。

为保证食物符合自己的要求，张祖泽有时甚至会亲自进厨房，监督指导厨师做菜；但大多数时候，这项工作是由张幼仪的母亲来做。张幼仪的母亲曾笑称，只有食物才是张祖泽起床的唯一理由。

古希腊哲学家德谟克利特说："一生没有宴饮，就像一条长路没有旅店一样。"跟着一位老饕父亲，张幼仪在吃食上，从来都无忧无虑。

除了饮食，闲暇时候，张祖泽也会给张幼仪和张幼仪的八弟张嘉铸讲讲画作。张祖泽的病人送来的画作，全都被张祖泽珍藏于一个高高的桃花心木柜里，平日里是绝不会挂出来、也绝不允许别人触碰的。

张祖泽偶尔会让张幼仪和她的八弟张嘉铸帮自己清理画上的灰尘，这时候，张祖泽通常会取出一两张画来，放在长条形的矮几上，告诉张幼仪和张嘉铸国画应该怎么欣赏。

例如应当居高临下，欣赏气韵，南方画派的柔婉，北方画派的坚凝；例如仔细观察，欣赏骨法用笔，线条的抑扬顿挫、疏密粗细、快慢虚实、浓淡干湿；又如应当欣赏构图与形式，远景与近景的开合对应，整体与局部的和谐统一。

当画被挂起来，张幼仪和张嘉铸用鸡毛掸子轻轻在宣纸上清拂灰尘时，张祖泽则会站在张幼仪和张嘉铸身后，踱着步，告诉他们这幅画的来历、创作背景、意境以及道理。

其中，张幼仪记忆最深的故事是《画龙点睛》：梁代画家张僧繇于金陵安乐寺画龙于壁，但却唯独不点睛，时人皆感怪异，张僧繇却回答：点睛则龙飞。时人不信，一请再请。张僧繇无奈，只能依从。没想到点完睛后，确如张僧繇所说，风起云涌，电闪雷鸣，困于画壁之上的神龙飞天而去。

张幼仪的人生，与父亲讲给她的这个故事亦有颇多相似。她与徐志摩的婚姻，使她就像困于画壁上的神龙。在与徐志摩离婚之后，她就像被点上了眼睛，得以从婚姻的围城中脱困，自此在风起云涌的民国里留下了一抹属于她自己的独特色彩。

第二章

# 东迁西徙
# 养在深闺人未识

## 【1】清风劲节，含冤负屈

作为宝山书香世家的张家，自然也受到中华传统文化的濡染，张幼仪等张家的兄弟姐妹，从小被张祖泽教育，视名声为生命。

在这样的教育背景下，张幼仪和兄弟姐妹们始终谨言慎行，以免让家族蒙羞，但即便如此，张幼仪一家还是曾经背上过小偷的污名。

事情源于一场婚礼。

张幼仪的大堂哥结婚时，女方带来了很多嫁妆，其中有不少珍珠和玉石。大堂嫂还曾把一些玉石和珠宝展示给张幼仪看。

1907 年的春节，张家上下照例像往常一样，把家里打扫得干干净净，厨房和仓库堆满了各种食材。

而张幼仪，在新年到来的时候，难得没有被阿嬷关在房间里做女红。

宝山有一个传说，每年旧年的腊月和新年的正月，天上的神就会监视人间，若是谁在做女红的时候不小心被针扎伤，那么这个人这一年的运气都会很差，所以张幼仪被阿嬷放了出来，与张家的兄弟姐妹一起玩耍。

张幼仪换上了一身红色丝制绣花衣裤，头发被编成了两条麻花辫，显得俏皮可爱。偶尔张幼仪会想到去厨房帮妈妈的忙，可是却又担心身上的衣服被弄脏，只好不去，小女儿的娇憨尽显。

每年的新年，张家有一个传统，叫作庭训。每年到庭训的时候，张家就会在前厅挂上一块写着"礼义廉耻"的横幅，而后一家之主张祖泽会将孩子们叫到自己跟前，给他们讲解这块横幅上的四个字是什么意思。

张幼仪的大哥张嘉保，每次听训的时候都会被张祖泽"重点照顾"。张嘉保是家中长子，"保"这个字有"保护""守护"的意思。张祖泽在他身上倾注了无限的希望与期待。

那时，张嘉保开了一家棉籽油厂，每年以棉籽油厂的收入补贴家用。平日里，张嘉保的大部分工作，是在厂里监督厂务。以往的年份，快到新年时，张嘉保会提前清理好所有的账目，然后在腊月十六的时候，买上许多鱼肉，犒劳自己厂里的工人。

但这一年，张嘉保的棉籽油厂经营出现了一些问题，他手下几个非常优秀的工人被另一个老板挖走了，虽然之后张嘉保找了几个人代替原来的工人，但是工厂还是因此受损严重。

虽然大哥张嘉保的工厂经营不善，但是整个张家未曾伤筋动骨，新年依旧准备得热热闹闹。

转眼便到腊月初八，距离新年越来越近。在腊月初八这天，按照中国人的惯例，必然是要吃腊八粥的，张家也不例外。作为宝山望族，张家在腊八节这天，不仅准备了腊八粥，还准备了一大桌子菜，一家人欢聚在一起宴饮。

就在吃饭的时候，张嘉保的碗不知怎么掉到了地上，摔成了六片。在中国很多地方，新年摔碗，是不吉祥的，人们一般都得说上一句"岁岁平安"来祈祷好运。张家的族人，也说了许多类似的话安慰张嘉保。

饭碗摔碎之后，张嘉保换上了一个新的碗吃饭，摔碎的那个碗则被张家的佣人收拾了起来，请了专门的修碗师傅仔细地用金线修补好了，白瓷与金丝交相辉映，显得贵重而精美。

虽然碗已修补好，张家的所有人也当作什么事都没有发生过，可有时，大家还是会将此事与棉籽油厂经营不善联系起来，每个人想到这件事时，心头都仿佛被蒙上了一层阴影。

就在这件事情不久之后的一个夜里，张幼仪和大姐正熟睡中，忽然被张家院子里的奔跑声惊醒了。张幼仪以为发生了什么大事，摇醒了身边的大姐，与大姐一起来到院中。

至院中后张幼仪才发现，张家所有的人竟然都起床了，甚至张家的主母——张幼仪的祖母都在。张家的女人们都穿着睡衣，每个人都惊恐不定，有些甚至都来不及将裹脚布缠好。

一番询问之后，张幼仪得知，张家今夜之所以如此骚乱，是因为大堂嫂陪嫁的珍珠和玉石被偷了。张家人和附近的邻居虽然四处搜查小偷，可最终还是一无所获。

此事发生后不久，张幼仪的大哥张嘉保的生意突然好转起来。张嘉保在过年期间打碎了碗，运气怎么会好起来呢？大堂哥一家立即怀疑起张嘉保来。

古人云："疑邻盗斧。"这句话深切地点中了许多被偷东西的受害者的心理。当大堂哥一家开始怀疑是张嘉保偷盗了自家的珠宝时，这种怀疑，便只能越来越深。

一开始，大堂哥一家还只是私下偷偷议论，直到有一次，当张嘉保经过大堂哥门前时，大堂嫂的母亲亲自对张嘉保喊："瞧，按个贼来了。"大堂哥一家怀疑张嘉保偷盗一事，才被张嘉保知道。

听到这句话的张嘉保，只觉得羞愧不已，他不想与家人争吵，并未反驳。张嘉保本想将此事埋在心里，但张嘉保并不知道，在隔壁缝衣服的母亲恰好听到了这句话。

当晚，张幼仪的母亲就告诉了张祖泽这件事。张祖泽沉默半晌之后，将所有的孩子叫到自己跟前，向大家宣布，自己决定搬家，离开式训堂。

# 【2】背井离乡，迁居南翔

一般人家搬家，总是不免大张旗鼓，邀请附近乡邻喝上一顿好酒。但是张家的这次搬家，却悄无声息。

因为在张祖泽看来，这次搬家实在算不上光彩，毕竟张祖泽一家背上了偷盗的污名。对于整个张家来说，张祖泽一家的搬离也不算光彩，因为在那个年代，家族中有子女搬出去住，更像是一种分家，分家往往意味着家族的不和谐，要脸面的张家人不愿听到这种声音。

人世间的许多事情，并非像做客观题一样，一定会有一个正确答案。当人们含冤负屈的时候，往往需要等时间给他们洗冤正名。

对于张幼仪一家来说，同样如此。

张幼仪一家搬离了张家近十年后，当年张幼仪的大堂嫂珠宝被盗一案之真相才浮出水面：盗窃者的确非张嘉保，而是张幼仪祖母的厨师的儿子。

一次，厨师的儿子向外人吹嘘自己当年偷东西的事情，恰好被厨师听到，厨师立即质问儿子，儿子不得不承认了。随后，厨师向张幼仪的祖母汇报了此事，厨师的儿子向张幼仪的祖母认错。

那位厨师是祖母的忠仆，已伺候祖母多年，再加上又是厨师主动检举揭发，张幼仪的祖母实在不知该怎么处理这位厨师的儿子，最终只是将厨师的儿子关了一段时间。

当年的悬案解开，冤屈也得以洗刷，按照道理，张幼仪一家应当搬回式训堂继续居住，但也许是时间过了太久，也许是当年张幼仪一家含冤离家的事情已被大家淡忘，总之，张家人心照不宣都未曾提起这件事。

迟到的正义并非正义，这句话在张幼仪一家身上体现得淋漓尽致。也许，张幼仪一家甚至连正义都未曾得到，只是洗刷了冤屈而已，因为在那些历史的故纸堆里，没有人提起过张幼仪大堂嫂珠宝案的真相被揭开后，张幼仪的大堂嫂一家对张幼仪一家是怎样的态度，他们是否曾对张幼仪一家致过歉。

张祖泽决定搬离张家之后，张幼仪一家很快便开始了行动，并选定了日后要居住的地方——南翔，一个有千年历史，有"小小南翔赛苏城"之美誉的小镇。

张幼仪一家在南翔的房子，自是不如式训堂。式训堂是一座拥有两个院子，四扇大门的大宅，但是南翔的房子，却只是一个院子和两扇大门。不过那时年幼的张幼仪，倒是对这个新家格外喜欢。

这栋宅子后面有个池塘，上面有船形的小木屋，四周还簇拥着莲花。在前主人手上，这个水上小屋是用来待客饮茶的，但这栋宅子到了张家手中后，变成了孩子们的住处。张家的男孩们得到了一间，女孩们得到了另一间，后来张家聘请教书先生时，教书先生亦得了一间。

张幼仪一家搬到南翔时，张幼仪的二哥张君劢和四哥张嘉璈都在日本留学，即便如此，张幼仪家中依旧有十七个人。因为搬家匆忙，又正值年尾，所以张祖泽一家并没有带什么东西，大抵只有些平日里的衣服。家里十七个人，每日的吃穿用度不是小数目，这一切压力，自然而然落在了张幼仪的父亲张祖泽身上。

还好，天无绝人之路，就在张幼仪一家搬到南翔的第二天傍晚，一个穿着朴素的佣人敲响了张家的大门，询问张幼仪的父亲是不是医生。张祖泽面对突然上门的人，猜想此人定是请自己去治病的，立即点头答应。

果然，张祖泽说了自己是医生后，那个佣人立即执礼恭敬，表示自己的主人突然之间病倒，想请张祖泽上门为自己的主人治病。

医者仁心，便是在平时，张祖泽亦是个会免费赠予百姓药材，为百姓治病的人，更何况此时张祖泽带领全家刚搬至南翔，全家正缺吃穿用度。面对邀请，张祖泽马上答应下来，拿了外衣，提了医药包，就随那个仆人出门了。

几个小时后，张祖泽返家，将张家的孩子们都从屋子里叫了出来，然后得意扬扬地拿出了四块银圆。

一个曾经家世不凡，吃穿讲究，从来不担心钱的富贵老爷，如今得了四块银圆就如此高兴，令人唏嘘。可即便在这样的环境中，张祖泽亦保持着自身的品格与操守。在离开式训堂后的一段日子里，张祖泽未再回张家，更未向张家的任何人提起过分家里的任何家产的要求。

许多年以后，当张幼仪想起年少时这段往事时，曾说她永远也忘不了父亲在搬家后的头几年里，面对困境时所保有的尊严。

# 【3】重续天伦，进退有据

张幼仪一家搬到南翔之后，本来是望族的真如张氏，其实已经出现了严重的裂痕。但这一年年初，在张幼仪的母亲刘氏带着张幼仪拜访张幼仪的外公外婆后，这种裂痕又稍稍得到了些弥补。

张幼仪家距离外公外婆家有些远，大概有半天的路程，一路上行走，尽是些颠簸而泥泞的乡间小路。虽然此时家里不太富裕，但新年穿新衣，张幼仪的父母还是给张幼仪置办了一身体面的衣服。与张幼仪的母亲一起去拜访外公外婆的，还有张幼仪的六哥。张幼仪的六哥同样也得到了一身新衣服。

后来，在张家的境况恢复到原来的状态之前，张幼仪和六哥的这两身衣服，还被其他的弟弟妹妹们穿过。

张幼仪的外公外婆都是非常慈祥的老人。外公姓刘，是个儒家学者，平日里会教孩子们念书，外婆是个大家闺秀，知书达理。

刘家家世不错，与张家门当户对。但是张幼仪的外公外婆均秉持了中国老一代人勤俭持家的理念，平日里的所穿并非当时名噪上海的顾绣或者已经流传了两千多年的苏绣，而只是布衣，每日的饮食亦只是青菜，鸡鸭鱼肉极少上桌。

张幼仪的母亲带着女儿和儿子上门，两位老人格外高兴。一番寒暄之后，问起了张幼仪一家的近况。张幼仪的母亲并未隐瞒什么，将一家搬离式训堂之事以及搬离的前因后果和盘托出。

两位老人听完，对张家的割裂有些难以接受。他们安慰了一番张幼仪的母亲后，提出了自己的建议。

张幼仪的外婆告诉张幼仪的母亲，就算是搬出来，张家也始终打断骨头连着筋，张幼仪一家不可能永远和张家老死不相往来。张幼仪的外婆还告诉张幼仪的母亲，对大堂哥一家应以德报怨，因为仇恨和生气并不能解决任何问题，尤其要考虑张幼仪的祖母思子心切。

也许是外公外婆的这番话对张幼仪的母亲有所触动，张幼仪和母亲在外公家待了三天就回家了。

回到家后，张幼仪的母亲将自己父母所说的话全部转述给了丈夫，张祖泽听完告诉刘氏，大堂哥一家诬赖张嘉保，便是诬赖他这个父亲，他不会回去与他们和好的。

天下任何一个有责任感的父亲，肯定具备两种特性，一是对自己孩子的了解远超旁人，二是都很爱自己的孩子。张祖泽平日里便对自己的几个孩子很严厉，张嘉保还是自己的长子，张祖泽对张嘉保的管束，肯定比对其他几个孩子更加严厉。在这种情况下，张嘉保还被污蔑，张祖泽一气之下搬离式训堂，并且不愿接受妻子的意见，也在情理之中。

丈夫不愿回到式训堂与张家和好，张幼仪的母亲也颇为无奈。她知道丈夫受了委屈，她亦想站在丈夫这边，只是张幼仪外公外婆的话时时回荡在她的脑海中。

她只能劝张幼仪的父亲，不要老是抱着既定的想法，人总归得往前看，应该考虑一下张幼仪祖母的感受，祖母肯定不愿意见到张祖泽和大堂哥那边不和，也不愿见到张祖泽搬离式训堂。除此之外，张幼仪的母亲也不知道该说些什么才好。

也许是念及张幼仪祖母的感受，在之后那几天里，张祖泽显得格外沉默，不仅平日里没怎么看书了，便是吃饭也都是在房间里，要知道，张祖泽可是一个名副其实的老饕。

沉思了几天之后，张祖泽将家人们召集起来，宣布了他的决定——以后除了重大节日回式训堂看望祖母，以及和他的兄长们一起祭祖，平日里只在南翔生活。

张祖泽的决定，虽是对大堂哥一家的让步，却也是一个充满智慧的决定。回家看望祖母、和几个兄弟们一起祭祖，这彰显的是张祖泽的仁义和孝道，在南翔继续生活，保留的是张祖泽的风骨和尊严。

对于张祖泽的决定，妻子和孩子们自然没有什么意见。在张幼仪的母亲看来，张家总算是看上去没有闹得那么僵了；在年幼的张幼仪看来，能时时回到宝山，是一件值得高兴的事情，毕竟她在那里生活了多年。

在张祖泽做了这个决定之后，已经离开式训堂几个月的张幼仪，便能偶尔回式训堂吃饭，与祖母重聚。

张家在张祖泽的让步下，维持了一种看似和谐的局面。

也许是年幼时见证了父亲的风骨，所以后来徐志摩向她提出离婚时，张幼仪才能不卑不亢地在离婚书上签字，并能在经历了一地鸡毛状态之后，重新开启自己的人生。

# 【4】蒙以养正，果行育德

"建国君民，教学为先。"这句话出自《礼记》，强调的是道德教化的重要性。

千百年来，人们始终坚信读书是改变命运的有效途径。张祖泽是个传统的读书人，也懂得这样的道理。所以，在搬到南翔，赚到第一笔钱之后，张祖泽做的第一件事，就是为几个孩子聘请了一位先生。

这位先生长期住在张家，所住的位置，是张家的水上小屋。张祖泽将那位教书先生安排住在这里，是进行了一番考量的：一来，此时的张家尚不富裕，居住此处能节省一笔开支；二来，先生和孩子们住在一处，也有利于先生对孩子的监督和教诲。

张祖泽对几个孩子的教育非常有规划。

彼时，清政府已经陆续经历了第一次鸦片战争、第二次鸦片战争、甲午战争等一系列战争的失败，中国从上至下，无论朝堂抑或民间，都在不断地向西方学习。在张祖泽看来，自己的孩子不仅要学传统的儒家文化，更要学习西方的科学技术。

按照张祖泽的设想，请来一位儒学先生，先为孩子们打好传统儒学的底子，然后再将孩子们送到新式学堂去学习，以便日后能够跟得上时代的发展。

张幼仪的二哥张君劢和四哥张嘉璈，便是在完成了传统的儒学教育之后，被张祖泽送到了上海广方言馆分别学习德文和法文。

上海广方言馆创立于 1863 年，是那时培养翻译和承办洋务人员的新式学校之一，由时任江苏巡抚的李鸿章，仿造北京大学的前身京师同文馆向朝廷奏请设立。在当时，这所学校已经具备近代"高等教育"雏形，不仅教授英文、法文、德文，还教授算学和天文。这所学校招生极为严格，只招收十四岁以下的孩子，而且还要求"师禀颖悟、根器端静"。学生的定额，也只有四十人。虽然随着时间的推移，这所学校的招生条件稍微放宽了些，学生定额也增加到了八十人，但是依旧不是一般的学生能够进去的。

张祖泽的目光是超前的。在张祖泽的这种规划下，张幼仪的兄弟们都得到了很好的发展。张幼仪的二哥张君劢后来进入早稻田大学学习法律学与政治学，四哥张嘉璈考入应庆大学攻读财政学和经济学，两人毕业后，都在民国的历史舞台上留下了非同一般的影响。

张家的孩子进学的年纪都很早，大概四五岁时，便要跟着先生学习。

每天早上，当母亲招呼孩子们吃过饭之后，先生便会给孩子们上课。由于当时"女子无才便是德"和"重男轻女"的思想，张幼仪和姐妹们自然是没有机会去上课的，她们通常需要在厨房里帮忙。

厨房里偶尔也有不忙的时候，此时，张幼仪和姐妹们便可去与自己的几个兄弟一同听课。只不过先生对张幼仪等人的教授，远不如对待张幼仪的几位兄弟那般严格——张幼仪的哥哥弟弟们，不仅需要记住《论语》和《中庸》里的字句，还需要抄书；而张幼仪和几个姐妹，仅仅只需要抄几遍《小学》和《孝经》便好。

学习这件事，对张幼仪的几个兄弟来说，也许是痛苦的，但是张幼仪本人却乐在其中。

偶尔，先生上课时，会特意点起一个孩子，让他背诵文章，以此检查孩子的功课究竟如何，每次这个时候，张幼仪就会翘首以盼，希望先生也能点到自己。

除了先生的教授和指导，张幼仪的父亲张祖泽也会对几个孩子进行监督。每天早上，张祖泽穿衣服的时候，就会点张幼仪的某一个兄弟，让他跪在一炷香前背书，直到那炷香烧完为止。

几个孩子中，张幼仪的八弟张嘉铸最为调皮，每次张祖泽点到他背书，而他又背得不大熟时，他就会一边背书，一边偷偷对着点燃的香哈气，借此让香烧得快些，好让自己早点逃离背书的折磨。

张家的家教十分严格，对孩子的约束也很多。张幼仪的母亲，平常闲暇的时候喜欢和朋友们一起搓麻将，每当麻将局定好的时候，张幼仪的母亲都会将孩子们赶到房间外头去，不论大小。之所以这样做，是因为张幼仪的母亲担心孩子们染上赌博的恶习。

而且，在张幼仪的母亲看来，既然自己的孩子们入学了，开始读书了，那便是读书人，"读书人"又与"赌输了"谐音，每个上了牌桌或者赌桌的人，都不希望自己的牌局还没开始就染上霉运，所以将孩子们赶得远远的，才有利于自己赢钱。

虽然张幼仪的父母已经在极力约束自己的孩子们，避免他们染上陋习，但是孩子们是最善于模仿的，尤其是模仿自己的父母。

有一回，牌局进行到一半时，张幼仪的母亲临时下场去出恭，没想到路过厕所时，忽然听到了吵闹声，而且这声音极像自己的几个孩子。张幼仪的母亲从窗户外面往里面偷看，发现张幼仪的二哥张君劢和四哥张嘉璈，竟然借着上厕所的时间，在茅坑上摆了块木板，掷起了骰子。

看到这一幕，张幼仪的母亲格外生气，将张君劢和张嘉璈大骂了一顿。更不幸的是，被母亲骂完之后，这件事还被张祖泽所知晓，张祖泽大为光火，要求张君劢和张嘉璈第二天早上每人分别背诵五十首诗。

　　父亲如此严厉，张幼仪的二哥张君劢和四哥张嘉璈自然害怕，最终，在别人的劝说下，张君劢和张嘉璈被免除了处罚。

　　对张幼仪来说，在当时的社会环境下，她没有像自己的哥哥和弟弟一样，受到很好的基础教育，但幸运的是，她又上过学，虽然只是从最传统的儒家文化中汲取出来的一点点养分。

# 【5】冥冥之中，命中注定

　　我应当如何遇见你？在此生最美好的时刻。

　　有些人的遇见，是红尘中的匆匆一瞥，然后两心相许，生生世世，直到终老；有些人的遇见，是青梅竹马式的相伴，也许岁月流逝，他们从来都未察觉，自己此生最重要的人一直在自己身边。但在某一天，也许是某个深夜，也许是相伴的两个人在听着某首歌或者阅读某篇文章时，他们终会发现，自己要找的那个人，其实早已出现。

　　这些人的遇见，都是极好极好的，它是上天为人们安排的佳偶天成，金玉良缘。但有些人的遇见，却如同两个人在茫茫人海中，被一股莫名的缘分，用一根难以察觉的丝线，强行绑在一起。被绑在一起的两个人，都像带刺的刺猬，他们恪守着彼此的界限，不能或者不敢向对方靠近，因为一旦靠近，彼此都会被对方的刺扎得鲜血淋漓。尤其是在清末民初，那个尚以"父母之命，媒妁之言"为婚姻准绳的年代。

　　1909 年，张幼仪在日本留学的四哥张嘉璈回国。

　　回国之后，张嘉璈进入清政府的邮传部路政司，在那里任司员，负责编辑《邮传公报》。邮传部主要管理全国的船政、路政、电政、邮政、庶务等，而张嘉璈在东京应庆大学学习的是财政学，回国之后，他不仅没能进入与他所学专业有关的领域，做的事情更是与他喜欢的财政学风马牛不相及，张嘉璈的内心多少有些失望。

即便如此，在当时的人看来，能够在政府中谋得一个职位，那便是在吃皇粮，而且，张家那时的经济还算不上太宽裕，张嘉璈在路政司工作，多少能给家里一些帮助。

工作之后，张嘉璈将自己的薪水都给了家里。也许是张祖泽出于对儿子所学专业的信任，在张嘉璈回国后，张祖泽将家里的财政大权都交给了他。

在简单地了解了家里的近况之后，张嘉璈主动找母亲提起了一件事：家里前途未定的孩子太多了，应该早点筹划未来，尤其是女孩。

在那个年代，男子可以选择的未来有很多，尤其是像张家这样有些家底的大家族的男孩，他们可以读书、经商、接掌家族，但是对于女孩来说，所谓的筹划未来，无非是嫁人而已。

彼时，张幼仪的十二个兄弟姐妹，五男四女都未成婚，张幼仪在张家的四朵金花中排行第二，彼时虚岁十岁，张幼仪的大姐十四岁。

十四岁，在当时已经算不上年轻了。而且那个时候，所有人都很早就结婚。《大清律例》规定："男年十六以上，女年十四以上，身及主婚者，无期以上服，皆可行。"也就是说，男子的法定结婚年龄在十六岁以上，而女子的结婚年龄则在十四岁以上。

在张嘉璈和母亲交谈之后，张幼仪的母亲找了一位相命婆给张幼仪的大姐算命，相命婆来到张家，张幼仪的母亲给出了张幼仪大姐的生辰八字，并且和相命婆交谈了一番，最终相命婆给出的回答是，张幼仪的大姐这些年不能嫁人，必须等到二十五岁才能出阁，否则必然会克死自己的丈夫。

张幼仪的大姐不能嫁人，在张家女孩子中年纪排行第二的张幼仪，便顶替了大姐的位置，成了张家第一个结婚的女孩子。这也是后来张幼仪十五岁就与徐志摩结婚的原因。

晚年，当白发苍苍的张幼仪向自己的后辈回忆自己顶替姐姐谈婚论嫁的位次，并因此嫁给徐志摩时，仍有些唏嘘和感慨。

张幼仪曾经谈到，因为她和徐志摩结婚，张家和徐家成为亲家，她的大姐也因此和自己的婆婆成为忘年交，两人经常一起打麻将，或者一起谈论上海的各色人物和故事。

也许可以做一种设想，如果没有张嘉璈和张幼仪母亲的那一番谈话，或者张幼仪的大姐不必等到二十五岁才出阁，张幼仪也许不会嫁给徐志摩。没有嫁给徐志摩的命运到底是什么样的？大抵也可以做一番猜测，可以肯定的是，张幼仪必然不会遭遇与徐志摩离婚后的痛苦，也许她会在父母的安排下，成为一个贤妻良母；或者她会在几位兄长的教导下，成为一个民国时代独立的新女性；又或者，她会和自己的四妹张嘉蕊一样，成为服装设计师和知名的社会活动家……

第三章

与君初识
少女心事有谁知

# 【1】四朵金花，人各有命

在中国明清之际，对待女性的态度，似乎呈现着一种两极分化的状态。一方面，当时的人普遍对女性不够重视，民间甚至有溺杀女婴的传统；但是在文学作品中，各类赞美女性的句子又层出不穷。

清词三大家之一的纳兰性德说："一半残阳下小楼，朱帘斜控软金钩。倚阑无绪不能愁。有个盈盈骑马过，薄妆浅黛亦风流。见人羞涩却回头。"这个出身富贵的才子，写尽了女子的娇俏与玲珑。

文学家沈复在《浮生六记》中描述自己的妻子芸娘："其形削肩长项，瘦不露骨，眉弯目秀，顾盼神飞，唯两齿微露；似非佳相。一种缠绵之态，令人之意也消。"这一大段描述，沈复搜肠刮肚，将自己的妻子写成了林语堂口中"中国文学中最可爱的女人"。

至于一代小说大师，清代学者曹雪芹，不仅在《红楼梦》中创作出了"金陵十二钗"这样的经典女性人物形象，更是借主人公贾宝玉之口说："女儿是水做的骨肉，男人是泥做的骨肉。我见了女儿，便觉清爽；见了男子，便觉浊臭逼人。"

张家包括张幼仪在内，一共有四个女孩子。张幼仪的小妹名叫张嘉蕊，1912 年出生。按照现在的说法，张家的四个女孩子，可称作"四朵金花"。

这四朵金花里，张幼仪的大姐最伶俐，非常懂得揣摩与她交往的各色人物的心理。张幼仪的大姐善于揣摩家中长辈的心思，所以她颇得长辈们的欢心。

平日里，张幼仪的大姐喜欢打麻将，这既是张幼仪大姐心仪的娱乐活动，也是她与当时上层的各类名媛和贵妇交往的手段。后来张幼仪的大姐在家人的介绍下，挑选了一个门当户对的富家少爷结婚。那位富家少爷家中颇为殷实，在当时的上海拥有许多商业地皮和一家戏院。

张幼仪在大姐挑选夫婿的时候，不是没有担心过，因为在张幼仪看来，那位富家少爷虽然家中宽裕，但是他本人却不学无术，完全没有读过书。张幼仪甚至还一度提醒过自己的大姐，富家少爷家中虽然有钱，但如果有朝一日家里的钱用完了，大姐也就无依无靠了，但是没想到大姐却回答她，自己丈夫家里的钱多得花不完。

这话一说，张幼仪也就不好劝了。

开始的一些年头，大姐确实过得宽裕，也很舒心，因为丈夫没有不良嗜好，他将家中的地契全部放在家里的大衣柜子顶上，每个月租金一收回来，他又将成袋的现金扔到柜子里，也不管张幼仪的大姐如何使用。

大姐在结婚的第十五个年头，忽然找到了张幼仪，向张幼仪提出了一个请求，希望张幼仪能把家中的地契从丈夫手上要回，存在银行的保险柜里。原来，大姐的丈夫染上了赌瘾，家中的钱几乎败光了，只剩下一些地契。

大姐向张幼仪哭诉，丈夫玩"推牌九"，一开始还能从赌桌上赢一些钱，可是不久之后，丈夫便开始输钱了。不仅输掉了赢回来的那些钱，还将家里的钱一袋一袋往外面拿，丢到赌桌上开赌，输了便又从家里拿。拿完了家里的钱，便开始拿家里的地契。

张幼仪的大姐之前不好意思对张幼仪说，直到感觉日子以后可能过不下去，才找到张幼仪。

彼时的张幼仪，是上海女子商业储蓄银行的副总裁。作为银行的高层，在银行为家人开一个保险柜储存地契自然不是问题，但此事是大姐的家事，张幼仪不好插手，也不宜插手。

只是，张幼仪和大姐一起长大，也许是她见不得大姐受苦，也许是动了恻隐之心，在大姐的一再哭诉下，张幼仪找到了大姐那位赌红了眼的丈夫，告诉他，自己要拿走衣柜顶上的那些地契。

大姐的丈夫此时已是赌鬼一个，那些柜子顶上的地契，对他来说就是命，他怎肯交出去，甚至他还扯了一个颇有说服力的借口，说他需要用这些地契来支付自己与姨太太所生的女儿的教育费。

张幼仪自然知道，大姐夫的这番话是骗她的，可是张幼仪未动声色，只是假装信了大姐夫的这番鬼话，然后便走了。

过了几日，张幼仪再次找到了大姐夫，告诉他，他女儿的教育费自己已经支付过了，但是大姐夫依旧不愿意交出地契。

最后，无奈的张幼仪，只能强行要求大姐夫，无论如何都得交出一张地契，因为这是大姐一家最后的生活保障。为了安大姐夫的心，张幼仪告诉大姐夫，这张地契只会存在银行的保险柜里，任何人都拿不走，就算是大姐都不能拿。

大姐夫最终交给了张幼仪一张地契。

办完事，张幼仪以为一切都已结束，大姐以后的生活，即便是不如从前，但是日后至少能衣食不缺。但没想到仅仅几个月后，大姐夫便来到银行，要求张幼仪将那张地契交给他。张幼仪不愿意，大姐的丈夫竟然以死相逼，扬言要自尽。

一番对峙之后，张幼仪不得不将地契交给了大姐夫。大姐夫再一次将它拿上了赌桌，并在输完之后，在某一个夜里，于睡梦中死去。

此后的日子，大姐的生活未再出现在张幼仪的任何记录里，但是以那时张家各个子弟的能力，养活张幼仪大姐一家已算不得难事，张幼仪的大姐和孩子们是可以维持相对体面的生活的。

如果说张幼仪的大姐所托非人，那么张幼仪的三妹的命运便称得上

"小确幸"了。

张幼仪的三妹，是张家四朵金花中最少见诸资料或者报端的人，甚至连张家人本身都提得很少。一方面，张幼仪的三妹在民国的历史舞台上并没有什么成就和值得挖掘的新闻；另一方面，张幼仪的三妹是个普通得不能再普通的女子。平生之所好，不过美食而已。

她继承了父亲张祖泽对于美食的嗜好，平日里最喜欢做的事情，就是寻找各种美食，满足口腹之欲。作为一个美食爱好者，只是喜欢吃美食，顶多只能算是"吃货"或者"吃家"；喜欢制作美食，并且技艺不低，才是名副其实的老饕。张幼仪的三妹，便属于后者。

平日里除了寻找美食，张幼仪的三妹极其喜欢烹饪，凡是所见到的新的菜谱便难免心痒去尝试一番。时间一长，她便成了张家最胖的人。

人生短暂，世界繁华，太多的人，往往终其一生，都找不到自己的方向，对于张幼仪的三妹来说，找到自己喜欢的东西，并且为之坚持和努力，即便是长胖一点，又何尝不是一种幸福。

张幼仪的四妹张嘉蕊，则是一个完全在新时代下成长起来的女性。

张幼仪的四妹张嘉蕊，出生在张幼仪一家搬到南翔之后，彼时清朝的封建统治已经被推翻，民国已经建立，民主与共和已逐渐深入人心，至于缠足的陋习，则在各方有识之士的建议和宣传下，开始逐渐废止。

在民主与共和时代成长起来的张嘉蕊，无疑是张家最幸运的那个孩子，彼时，张幼仪的各位哥哥均已学成归国，在各行各业都有了一定的地位和影响力，张家的经济条件，也已经得到了极大的改善。

作为张家最小的小妹，张嘉蕊平日里颇受几位兄长和姐姐的关顾。少年时，张嘉蕊喜欢上了设计和裁剪，张家便为她请来一位裁缝给她做新衣服。

也许是出于内心的喜欢，也许是张家的多年培养有了效果，许多年以后，张嘉蕊已然成为上海滩的著名设计师和知名社会活动家。上海滩的各种秀场，都少不了张嘉蕊的身影。张嘉蕊还由此结识了自己的爱人，上海滩名流朱文熊。朱文熊是上海南洋企业公司的总经理，谙熟国际贸易，精通英语，而且学贯中西。

张嘉蕊和朱文熊平日里最喜欢的事情就是听戏，且二人都是程派戏迷，与四大名旦之一的程砚秋堪称知交。不仅程砚秋的一身行头都交由张嘉蕊操办设计，就是程砚秋夫妇每次到上海滩演出，都住在张嘉蕊家。

张嘉蕊曾在与朋友聚会时评价程砚秋："玉霜私德很好，一生于'色'与'财'二字无懈可击。他演唱以字创腔，再加上表演细腻，非常感人！但因性格关系，即便遇到不快之事，也不愿吐露心声，容易吃亏。还有，他太喜食奶油之类的甜食，致使身体发胖。他的早逝或许与此有关。"

玉霜是程砚秋的字。张嘉蕊评价这位早已作古的老友时，她本人已经八十高龄，谈及老友的成就，张嘉蕊不吝人加赞赏，论及老友的早逝，张嘉蕊则颇感遗憾。

值得一提的是，张嘉蕊和丈夫居住在上海滩时，他们的邻居，是在上海滩名噪一时的杜月笙，两家关系颇为要好，张嘉蕊之女朱仁明还曾认孟小冬做干妈，而孟小冬和杜月笙在香港结婚时，张嘉蕊的女儿还为孟小冬和杜月笙做过花童。

三毛曾经说："老二就像夹心饼干，父母看见的总是上下那两块，夹在中间的其实更可口，但不容易受注意，所以常蹦出来捣蛋，以求关爱。"

作为张家的二小姐，张幼仪在家中的四朵金花中，的确不受注意，可是传统的儒家教化，并未让她变成那个"调皮捣蛋，以求关爱"的少女，反而是处处体谅父亲与母亲的难处，让他们安心。

# 【2】暮虢朝虞，柳暗花明

人类的求知欲从何处来？

古希腊哲学家亚里士多德认为，求知欲凡属人类都生而具有；现代科学则解释说，求知欲是人的一种内在的精神需求，即认知的需要。

张家的几个姐妹中，张幼仪的大姐沉溺于麻将，三妹嗜好美食，小妹最爱服装设计，而张幼仪最喜欢的，是读书。

按照张幼仪的说法，她不知自己的求知欲从何而来，因为在晚清时代，所有人依旧秉持着"女子无才便是德"的封建传统理念，而张幼仪身边的那些女子，未出嫁前大门不出，二门不迈；嫁人之后，则伺候公婆，生儿育女，便是想出去也没有片刻得闲。

世事总非一成不变。自 1840 年鸦片战争之后，大量西方传教士涌入中国，他们一边传教、办报，一边建立教会学校，其中就包括大量的女子学校。

西方办学，属于外部力量，中国人办学，是内部变革。那时，随着民族灾难的一步步加深，中国许多仁人志士都开始提出救国方略，兴办学校，让女子也受教育便是救国方略中的一种。 1892 年，清代教育家郑观应在文章《女教》中提出："诚能广筹善款，增设女塾，参仿西法，译以华文……"1896 年，梁启超发表《论女学》，强调："中国已国难当头，要富国强兵，抵抗外来侵略，必须兴办女学，强国强种。"甚至梁启超还特别提出："女学最盛者，其国最强，不战而屈人之兵，美是也；女学次盛者，其国次强，英、法、德、日本是也；女学衰，母教失，无业众，智民少，国之所存者幸矣，印度、波斯（今伊朗）、土耳其是也。"

1902 年，为定《学制》，清政府派京师大学堂总教习吴汝纶赴日考察教育，日本前山阳女学校长望月与三郎曾对吴汝纶力陈女子教育的重要性："固国础之道，在于育英。育英之方法不一，大设学堂，虽谓良法，抑亦末也。欲获人才，须造良家庭。欲得良家庭，须造贤母。贤母养成之道，在教育女子而已。"

随着进步人士的努力，旧有的"女子无才便是德"的观念被一点点地冲击。那时，张幼仪家的邻居，也受到这种影响，他们家的两个女儿，均在上海的一所新式女校读书。

每天早上，邻家的女儿都会穿好整体褐色、上身是无领衬衫、下身是长裤的校服去上学。

那个年代，中国女子穿衣服还相当保守，通常是长袍或者上衣下裙的袄裙，脚上的鞋子，则是高高的花盆底鞋，以便脚能缩进长长的群裾里，避免被男子看到。不仅是脚，甚至连脖子，清末的女子都得藏好，都得要么覆以高高的领子，要么用"龙华"遮掩，否则便会被人议论"不守妇道"。

邻居家两个女孩子的穿着，在那个时代绝对算得上新潮和时尚。但凡女孩子，没有不爱美的，张幼仪同样也是如此。

张幼仪的内心十分羡慕邻居家的那两个女孩，她也想像那两个女孩子一样，穿着校服去上学。但这份羡慕和向往，张幼仪还没来得及表露，突如其来的一件事，就给她浇了一盆冷水。

那时，随着张家的几个孩子长大，总有媒婆上门来拜访。有一次，媒婆提到了邻居家的那两个女孩，言语之间不乏赞美，说她们才貌双全，十分适合张家的男孩。谁料张幼仪的母亲听完之后，十分嫌弃地表示两个女孩子将脖子露出来是不可接受的，而且这两个女孩绝不能嫁给自己的儿子。

母亲的话，让张幼仪像好不容易鼓足勇气从森林走出来的小鹿，见到猎人射过来的羽箭之后，又立即转身逃回了深林里——她不敢再向他人表露自己想穿着校服去上学的事情。

1911 年 10 月 11 日，伴随着武昌城内的一声枪响，中国最后一个封建王朝在声势浩大的革命洪流中轰然坍塌，与封建有关的一切传统，也出现了不可避免的动摇。共和时代来临了，新的曙光已经出现。

1912 年，张幼仪的母亲生下了张幼仪最小的妹妹——四妹张嘉蕊。也许是之前的孩子带走了母亲身体里的大多营养，张嘉蕊出生之后，张幼仪的母亲晕了过去。

张幼仪的父亲以为自己就要失去此生结发、共许白首的妻子，而张幼仪和兄弟姐妹们，也以为要失去母亲，慌乱和害怕瞬间涌上了每个人的心头。作为父亲，作为大人，张祖泽终归要冷静一些，在慌乱了片刻之后，张祖泽赶紧将张幼仪的七弟张景秋和八弟张嘉铸叫到身边，然后让他们往一个钵里撒尿，随后又将尿拿到张幼仪的母亲面前让她闻。

在那个年代的人看来，这是一个有用的土方子。也许是上天保佑，也许是刺鼻的气味真有用，张幼仪的母亲在片刻昏厥之后醒了过来。

醒来之后，张幼仪母亲的身体依旧虚弱，只能在屋子里静养，可是刚出生的四妹需要照料，此事自然落在了张家的孩子们身上，尤其是张幼仪身上。

每当四妹吃饭时，张幼仪就会帮四妹先把饭嚼烂，然后再喂给她，以便还是孩童的四妹能够顺利进食。四妹吃完之后，张幼仪又得带四妹出去玩，免得四妹的哭声打扰在房间里静养的母亲。

有一回，张幼仪和四妹在后院玩耍，在与四妹欢笑的时候，张幼仪不小心把四妹摔在了地上。四妹摔倒时还未曾察觉到疼痛，等过了一会儿，疼痛来袭时，四妹放声大哭起来。

哭声引来了在房间里的父亲，他二话不说，就给了张幼仪一耳光，并怒斥张幼仪照顾妹妹不小心，还说她四处疯跑，像个野丫头。

此时愤怒已经冲昏了张祖泽的头脑，他只是看到和心疼小女儿，却没有想到自己的二女儿张幼仪，此时也只是个年仅十二岁的孩子。

面对父亲的打骂，张幼仪只能哭泣。传统的孝道教育未教她如何去为自己辩解和反驳，一向严肃的父亲，更让她不敢去顶撞，她待在院中，独自一人消解心里的难过和委屈。

虽说这是张幼仪的父亲此生中对张幼仪的唯一一次动手，但还是给张幼仪心里造成了难以弥补的伤痕，以至于张幼仪多年以后仍念念不忘，甚至在苍颜白发时还偶尔提起。

张幼仪一直在院中待到了傍晚，那一天，身体还很虚弱的母亲走出了屋子，坐在了张幼仪的身边，用带着温热的手擦去了张幼仪的眼泪，然后再次给张幼仪讲起了月亮上那对姐妹的故事。

张幼仪的母亲告诉张幼仪，红尘滚滚，世间众生，想要像月亮上的那对姐妹一样自由自在是很难的。她对张幼仪说这番话的时候，看着天上，不知心里在想着什么。

张幼仪没有反驳母亲的话，可是在她后来的人生里，张幼仪却向母亲证明了，虽然像月亮里的那对姐妹一样自由自在很难，可是若是发奋努力，也未必不能得到自由。

就在照顾了妹妹半年之后，张幼仪看到了一个获取自由的机会——上海《申报》的一个版面上刊登了一条消息：第二女子师范学校的苏州女校正在招生……

# 【3】抽丁拔楔，艰难玉成

在《申报》上看到第二女子师范学校的招生广告后，张幼仪仔仔细细地将那一小块文章阅读了许多次，然后去找母亲，告诉她，自己想上学。

对于女儿想上学的愿望，母亲多少有些吃惊，然后立即问了一个她最关心的问题：学校的制服有没有领子。

对于母亲的问题，张幼仪早有准备，她拿出报纸，然后对着报纸向母亲解释：学校的制服有没有领子，招生广告里并没有提到。

母亲听到张幼仪学校并没有说领子的事情，心中的抵触少了许多。

随后，张幼仪又向母亲详细说了第二女子师范学校苏州女校的相关情况：这所学校教的是新式西洋学科，学生头三年上课，第四年学习教低年级的学生，毕业时可以得到一张小学师资证书。

母亲并不关心这些，只是又向张幼仪提出了另外两个问题。

第一个问题，是张幼仪的父亲未必肯支付这笔费用。张幼仪的父亲一直将八个儿子的教育看得很重，可对女儿的教育，他还是觉得女儿们只学些《女戒》《内训》便好。

第二个问题，是张幼仪的母亲觉得苏州太远了，自己不放心女儿独自一人外出求学。那是一个车马代步的年代，多数时候，人们出行是靠走路。而且那个时代的女子一般都是大门不出，二门不迈，张幼仪的母亲不放心，除了担心女儿在路上不安全，也担心女儿在学校能否照顾好自己，独自面对生活。

母亲的关心，张幼仪自然知晓，也颇为感动，可那时的她，就像是不顾一切想要冲破桎梏的鸟儿，无比向往着鸟笼外自由自在的天空。

为了解决母亲提出的两个问题，张幼仪先找了父亲。父亲听闻张幼仪要去上学，有些沉默。也许是怕父亲不同意，张幼仪立即和父亲说，这所学校的学费很便宜，一学期只收五块银圆，其中包含食宿费、书本费、零用钱，甚至还有节假日往返的火车票钱。

父亲听张幼仪说完，思虑了半晌，终于同意了。

为了解除母亲的担心，张幼仪决定找一个人陪自己上学。思来想去，张幼仪觉得大姐是最好的对象。因为按照相命婆的说法，大姐得到 25 岁才能结婚，此时距离大姐结婚还有好几年，她的时间很充裕。

可是大姐喜欢偷懒，对读书也没兴趣，如何说服她，倒是让张幼仪费了一番脑筋。最后，张幼仪用打发时间、学校比家里好玩的理由，挑起了大姐的兴趣。

在解决这两个问题之后，一切似乎都在向着好的方向发展。但就在张幼仪和大姐准备去报名的时候，才发现这所学校需要入学考试。

这可愁坏了张幼仪和大姐，因为两个人都只在家里跟随私塾先生学了一点文字，其他的什么都不懂。为了通过学校的入学考试，两个人绞尽脑汁。

就是这时，张家忽然得到了一个消息，张幼仪的两个堂姐已经入学了。张幼仪的大姐很快动了心思，想让两个堂姐帮忙代考。

大姐提出代考的意见后，张幼仪有些犹豫，但最终还是同意了。她之所以同意，一是因为当时张幼仪不知道自己是否能通过入学考试；二是因为，在当年，代考之事司空见惯。

张幼仪同意大姐代考的意见之后，仍然显得有些惴惴不安，为了减轻心里的紧张，她向大姐提议，她们两个人可以一起备考，但大姐却拒绝了，理由是自己一定考不过，张幼仪十分无奈。

　　确定好让堂姐们帮忙代考后，二人便去找了父亲，让父亲去宝山老家向两个堂姐说项。张祖泽一向刚直方正，张幼仪本以为父亲会严词拒绝自己和大姐的请求，甚至会将自己臭骂一顿。但出乎意料的是，面对女儿的请求，张祖泽竟然同意了。

　　张祖泽很快回了一趟宝山老家，并且带回了好消息——两个堂姐同意为张幼仪和大姐代考。

　　堂姐同意代考，张幼仪本来应该高兴的，但她却高兴不起来，她总感觉自己像一个小偷，偷走了别人的入学名额。思虑再三之后，张幼仪向大姐提出，无论如何，她们终究得凭自己的实力亲自考一次，不管能不能通过。

　　也许是张幼仪的坚持打动了大姐，也许是和张幼仪一样，内心同样也有些不安，大姐同意了张幼仪的意见。

　　到了考试那天，张幼仪和大姐还有两个堂姐一同来到了考场，两个堂姐分别在试卷上写了张幼仪和大姐的名字，而张幼仪和大姐则在试卷上写上了堂姐的名字。四个人都完成了答卷。

　　不久，学校的考试成绩出来了，张幼仪与大姐还有两个堂姐竟都通过了入学考试。这一回，张幼仪终于不用背负心里的压力了，大姐也松了一口气，并对张幼仪说，自己考试时，大部分答案都是蒙的或者猜的。

　　张幼仪和大姐总算考入了第二女子师范学校苏州女校。至于多考出来的那两个入学名额，张幼仪和大姐则赠送给了在考试后遇到的没有通过入学考试的两个女孩子。

# 【4】负笈游学，不负韶光

入学考试结束后不久，张幼仪和大姐便踏上去往苏州的路。一向不怎么出门的母亲，在那一天哭得像泪人，让家里的佣人将两个女儿送上了火车。

火车一路向西，几个小时后，张幼仪和大姐一起来到了她梦寐以求的学校。

第二女子师范学校苏州女校的全称是江苏省立苏州第二女子师范学校。

1910 年，以廪贡生出身，在晚清宦海沉浮数十载，历任黑龙江将军、奉天巡抚的程德全调任江苏巡抚，有感于江苏士绅的学问一直在全国占有优势地位，面对西方的文化入侵，知识日新月异，程德全大加提倡，要将江苏作为全国教育的模范。

辛亥革命后，程德全曾经四次上书，请求清廷彻底改革，但没有等到自己想要的答复，失望之下，他主导了苏州的"和平光复"，并被推举为江苏都督。自那之后，他曾经提过的教育理想，也有了得以付诸实践的机会。

1912 年 7 月，程德全归并苏州讲习所，设立江苏省立苏州第二女子师范学校，并将校址定在了苏州市东大街新桥巷。新校初立，各科老师和学校的管理人才等都十分紧缺。

经过一段时间的筛选，毕业于上海务本女子中学，与著名教育家相交甚密的杨达权被选中，成为这所学校的校长；自日本留学归国，曾就读于东京高等师范学校的杨荫榆，成为教务主任。此后，学校还陆续招聘了14位男教师和6位女教师。

学校框架搭建起来后，各种规章制度也随之确立。学校之宗旨，为德、智、体三育并进。校训则用了"诚朴"二字，倡导学生诚实、朴质。

学生们的课程，也紧跟了那个年代的潮流，不仅教授国文、历史、地理、数学、物理、化学、音乐、体育、美术，还教授学生修身、家事、缝纫、手工等。既让学生学习知识，也让学生学会如何应对生活。甚至，为了让学生接触到更先进的教育理念，学校还常常邀请知名人士如胡适、黄炎培、陶行知、章太炎等前来执教或讲学。

张幼仪不知晓自己所就读的这所学校是如何建立起来的，到学校后，她只体会到了一件事，那就是学校太小了，校内只有三栋建筑：宿舍、教室和餐厅。

但是在大姐看来，这所学校却很大，甚至大姐还一度觉得，自己根本无法在这所学校里走动。张幼仪猜想，大姐之所以说出这话，与她那双小脚有关。此时行走、跳跃都无拘无束的张幼仪，有些庆幸当年母亲给自己裹脚时自己的哭闹，以及二哥张君劢的及时出现。

到学校不久，校方便为张幼仪和大姐安排了宿舍，与张幼仪和大姐居住在同一间屋子的是另外四个女生。这四个女生中，有三个也和张幼仪的大姐一样裹了小脚。

事实上，在民国刚刚建立的那段时间，裹着小脚的新式学生并不少见，比如第一位在《联合国宪章》上签字的女性、中国第一代获得学士学位的女大学生、被美国总统罗斯福称赞为"智慧女神"的吴贻芳就是如此，吴贻芳后来成为金陵女子大学的校长。

在学校初步安定下来后，张幼仪和同学们便开始了正式的学习生涯。每天早上七点，张幼仪和室友就得起床，整理床铺，然后急急忙忙赶去学校食堂吃早饭。

学校食堂的陈设非常简易，只是摆了些圆桌和板凳。那时学校只有 40 个女生，每次吃饭时，十人一桌，非常方便。每餐是四五个菜品，再加一碗白米饭。

学校每天早上八点钟开始上课，张幼仪等人吃完饭后，便直奔教室，开始一天的课程。大姐因缠了脚，走得慢，张幼仪便帮着大姐拿书，然后放慢步伐，配合大姐的走路速度。

张幼仪和大姐每天上的课是地理、算学、历史和文学。学校里教她和大姐的老师，也都是男士，虽然不打人，但却总是拿着教尺在教室里走来走去。有时老师会点学生起来背诵课文，每当背错时，老师便会用教尺敲打课桌，以提醒学生。

在学校读书的同学，来自不同阶层，对读书的态度也大不相同。有些同学完全是为了充实自己，有些同学，则完全是为了逃离家庭的束缚，或者增加一次体验机会而已。

不同的学生，老师对待她们的方式也大不相同。对待那些缠了脚的学生，老师并没有那么严格，点她们起来回答问题时，若是她们答错，也不责骂，只是说没关系。若是比较热衷于学习的，每次答错时，老师都会敲着教尺提点："怎么会是这答案？"若是一时答不上来，老师也不会着急，而是让她们好好想想，再继续作答。张幼仪和大姐，就是学校里这两种不同类型学生的典型代表。

面对学校的朴素生活，张幼仪和大姐的感受是不同的。大姐时常会和张幼仪抱怨学校食堂的伙食，说父亲绝对不会将学校的厨子请到家里去，因为做的饭菜太差了；而张幼仪则有什么吃什么，偶尔给家里写信，也只是告诉父母，学校的校服是遮着脖子的，之所以如此做，是想让父母安心。

每天下课后，张幼仪都会在寝室里温习功课，而大姐则在寝室里帮朋友做东西，或者帮她们清洗、缝补衣服，虽然两个人各有追求，但在学校里的日子，也还算快乐。

这段充实而快乐的日子，持续了一年左右。1913 年，一个人的出现，打破了张幼仪的宁静生活。

# 【5】与君初识，何如未识

人们似乎一直对"相逢"这个词有一种莫名的希冀。然而，并非世间所有相逢，都美好动人、值得传颂。人海茫茫，红尘万丈，遇到对的人，是喜悦，是幸福，是终于等到你；遇到错的人，便是痛苦，是折磨，是为何偏偏是你……

张幼仪和徐志摩的相逢，是在一个再平常不过的日子。那一天，没有爱情童话里的种种美好象征，比如春光之明媚，夏蝉之噪鸣，抑或秋叶之静美，冬雪之纷纷……

张幼仪第一次见到徐志摩，并没有看到他本人，而是见到了一张照片。那是一次放假后，张幼仪从学校回到家中，父亲和母亲将她叫到了客厅，然后拿出了一个小小的银质相片盒，交给了张幼仪。

张幼仪对这个盒子极为好奇，并不知道这个盒子里装的是什么，打开之后，才发现里面是一张照片。张幼仪的父母问张幼仪对照片上的人是什么看法，张幼仪一瞬间愣住了，许久她才反应过来，这是父母为自己相中的男人。

张幼仪没有回答父母的话，只是仔细又看了一下照片上的人。那是一个约莫十六岁的少年，穿着精致的衣服，头大大的，下巴尖尖的，戴着一副圆形的金丝边眼镜，气质儒雅，看起来很有教养。

这个人，便是父母给自己安排的以后要相伴一生的人吗？张幼仪在心里偷偷问自己。张幼仪早已预料到这一天会到来——自从家里请相命婆给大姐算过命之后，她就有了这种心理准备，只是她没想到，这一天来得这么快。

张幼仪的心里一时间有些五味杂陈，她想了许多：自己此时才十三岁，还在读书，迷恋学校的生活，甚至还有那么大的世界没有去看过……那些向往和喜欢的东西，以后可能都与她无关了。

张幼仪在刹那间想过拒绝，但是父母多年来对她进行的传统教育，还是让她说出了那四个字：我没意见。

听到张幼仪说没有意见，父母开始向张幼仪介绍照片里的男人姓甚名谁，家住何处，父母是谁，家族如何……

在父母的介绍里，徐志摩的一切在张幼仪眼前渐渐清晰。

徐志摩，1897 年 1 月 15 日出生于浙江海宁硖石，按照族谱排名，得名章垿，字槱森，至于徐志摩这个名字，则是后来徐志摩去美国留学时，徐志摩的父亲给他另外取的名字。

徐家世代经商，明正德年间，商人徐松亭经商至硖石，并于硖石定居，由此衍生出硖石徐氏分支，且日益壮大。

徐志摩之父徐申如，早年继承祖业，经营徐裕丰酱园。其后，又于1897 年合股创办硖石第一家钱庄——裕通钱庄，其后，徐申如又开设人和绸布号，由此家中银钱积累日厚，徐家成为硖石首富。

徐志摩的照片之所以能够递到张幼仪手中，与张幼仪的四哥张嘉璈有关。

张嘉璈从日本应庆大学财政学专业毕业后，先是在清政府邮传部内的路政司任司员，负责邮传部的《邮传公报》。

1913 年，张嘉璈任职浙江都督秘书，浙江都督秘书的一部分工作是视察浙江的一些学校，张嘉璈就是这时认识徐志摩的。

在一次视察杭州府中学堂的时候，张嘉璈偶然间看见了一个学生的文章《论小说与社会之关系》。这篇文章论述了小说应该承载的社会责任，颇为新奇，但最吸引张嘉璈的，却是文章作者的文笔。这篇文章文白夹杂，将梁启超的文笔模仿得惟妙惟肖，如同梁启超本人写就。

梁启超在当时的中国文坛久负盛名，模仿梁启超行文的作者不计其数。张嘉璈早年在日本留学时与梁启超相熟，回国后，他与梁启超既是好友又是同僚，对梁启超的行文风格了然于胸，也看过数百份模仿梁启超的文章，然而只有这篇《论小说与社会之关系》，精确捕捉了梁启超行文之间的优雅。

这篇文章的字迹也引起了张嘉璈的兴趣，中国讲究"字如其人"，这篇文章的字形字体，骨力遒健，结构劲紧，颇具神韵，张嘉璈感觉到写这篇文章的学生一定才气斐然。

在看过文章后，张嘉璈立即打听这名学生的来历。在听闻这名学生来自硖石徐家，且尚未婚配后，张嘉璈立即动了心思：自家妹妹张幼仪如今也未许人家，说不定自己可以成就一桩良缘。

有了这个心思，张嘉璈立即开始了行动，他给徐家去了一封信，提议张幼仪和徐志摩成亲。

彼时的张家，已经不是几年前刚搬到南翔时那般落魄境况：张嘉璈那时任职浙江都督秘书；张幼仪的二哥张君劢已是宝山县议会议长，民主党三十常务员之一；张幼仪的大哥张嘉保经营上海棉花油厂，日进斗金，成为著名的实业家。

徐志摩的父亲徐申如看了张嘉璈的来信，颇为重视，随后给张嘉璈回了信：我徐申如有幸以张嘉璈之妹为媳。

"有幸"这两个字，足以道出徐申如对这桩婚事的重视，以及在这桩婚事里，张徐两家究竟是低娶高嫁还是高娶低嫁。

然而，当徐申如将张幼仪的照片递给徐志摩的时候，徐志摩却将嘴角向下一撇，用一脸嫌弃的口吻说："乡下土包子。"

徐志摩从见到张幼仪照片的那一眼开始，便不喜欢张幼仪。这种不喜欢，不仅仅是针对张幼仪的长相和气质，更是因为徐志摩不想接受包办婚姻。

既然不喜欢，拒绝了便是了，可是徐志摩不敢，因为那是一个传统守旧力量依然强大的时代，徐志摩只能听从父命与张幼仪定下了这门亲事。

第四章

**施衿结缡**
**君看金翠无颜色**

# 【1】二姓之好，纳吉合婚

"昏礼者，将合二姓之好，上以事宗庙，而下以继后世也，故君子重之。"《礼记·昏义》中，如此定义婚姻的重要性和它的意义。

自古以来，中国人都很看重婚礼，甚至衍生出了一套规矩和礼仪——"三书""六礼"。"三书"指聘书、礼书和迎书，"六礼"指纳采、问名、纳吉、纳征、请期和亲迎。

"三书""六礼"中，最为重要的是纳吉。纳吉有一道重要的仪程，叫合婚，即婚前男女双方交换庚帖，以卜八字是否相配。若是相配，则婚姻可成，若是不配，则有可能解除婚约。

张幼仪和徐志摩的亲事定下来后，张家也按照千百年来的规矩，请了一位相命婆到家中，给张幼仪和徐志摩合婚。

张幼仪的父母将张幼仪和徐志摩的八字交给相命婆，相命婆看了相命图后，对张幼仪和张幼仪的母亲说："徐家很好，是非常好的人家。"

听到相命婆这番话，张幼仪的母亲颇为高兴，但相命婆随后的话，却又让张幼仪的母亲紧张起来：相命婆说张幼仪和徐志摩并不相配，张幼仪属鼠，徐志摩属猴，两人属相相冲。

听到这话，张幼仪倒是颇为高兴，倒不是因为她讨厌徐志摩，而是她想回学校去上学。但张幼仪的母亲并不了解女儿心中所想，听到相命婆的话，张幼仪的母亲颇为发愁，她年纪稍大的两个女儿，张幼仪的大姐要到二十五岁才能结婚，如今张幼仪又和徐志摩不相配，她不知道如何是好。

相命婆并没有让张幼仪母亲的担心持续多久，因为她随后便给出了建议：如果张幼仪属狗就好了，如果张幼仪属狗，那必然和徐志摩相配。

听到相命婆的话，张幼仪的母亲像抓住了一根救命稻草，询问相命婆该如何做，相命婆将张幼仪的属相改成了狗，即将张幼仪的生年从1900年改到了1898年，然后将合婚大吉的消息告知了徐家。当然，改生肖这件事，张家并未对徐家提起。

就在合婚成功的消息传到徐家不久，徐家将一对鸳鸯送到张家。鸳鸯在中国传统文化中象征爱情与婚姻的坚贞不渝，这对鸳鸯送到张家意味着张幼仪和徐志摩正式定亲。

人们常常试图将命运握在手中，然而命运却总是如沙砾、如溪水，从人们指间不断溜走。任何人都不曾得知，那位相命婆究竟是如何占卜出张幼仪和徐志摩不合适的，但是这场占卜却意外料中了张幼仪和徐志摩的婚姻轨迹。即便是张幼仪的母亲试图去改变张幼仪的婚姻命运，却还是未能成功。

对于张幼仪来说，她对这场占卜只觉得委屈。

当年相命婆给大姐占卜，说大姐只能在二十五岁结婚时，母亲所做的事情，是让自己顶替了大姐，让自己成为张家第一个结婚的女孩。但是当自己合婚，相命婆发现自己与徐志摩属相不相合时，母亲所做的事情，竟然是将自己的属相改了。

母亲改了张幼仪的属相，以求和徐志摩合婚顺利，张幼仪虽能理解，但她心里却留下了一道坎：凭什么当年相命婆给姐姐相命，说姐姐二十五岁才能结婚的时候，母亲听从了相命婆的意见，而轮到自己合婚，相命婆说自己与徐志摩不合时，母亲却让相命婆给自己改了属相？

然而，张幼仪一直都未将这些心思表达出来，她之所以没有这样做，也许是因为，长久以来"父母命，不可违"的传统早已扎根进她的心里，又或者，是因为张幼仪当时已经不想在自己的婚姻一事上再做挣扎……

毕竟，千百年来，这世间绝大部分女子的婚姻，都是"父母之命，媒妁之言"。

在张幼仪和徐志摩的亲事定下来之后，张幼仪的母亲又找了一次相命婆上门，这一次请相命婆上门，是张幼仪的母亲想将张幼仪结婚的日期安排好。

在相命婆又一番占卜之后，张家选定了一个日期——1915 年 11 月。之所以选在这个日期，一部分原因是相命婆觉得这个日子吉利，另一个很重要的原因，则是当时徐志摩中学还未毕业，徐家人希望等到徐志摩中学毕业之后再举行婚礼。

对张幼仪来说，结婚的日期定在一年之后对她来说是一件好事，因为张幼仪也需要一年半才能毕业，拿到小学师资证书。但父母竟然拒绝了张幼仪继续上学的要求，他们对张幼仪说道："女孩子家读不读书无所谓，活着就是为了结婚，你得留在家里准备接受命运的安排。"

父母这样的回答，让张幼仪无法接受，此时的她已经知道徐志摩才华非凡，学识渊博。她不想，也不愿落在徐志摩之后，她想念书，即便是追不上徐志摩，但起码多读一天，学识就能增长一些，最起码可以读到她结婚的那天为止。

过了很久，张幼仪终究还是让父母妥协了。张幼仪让父母妥协的理由，是大姐到二十五岁才会结婚，这期间起码要让大姐有一点事情忙碌，但是如果张幼仪不去学校，大姐也必然不会去。

再回学校，张幼仪本来以为能够在校园里继续自己以前的宁静生活，但是张幼仪回到学校后的情况，正应了那句"物是人非事事休"：张幼仪定亲以前，学校的老师总是会管教她，认真、负责地教她，每次上课，也都必然点张幼仪起来回答问题，而且会耐心纠正她的错误；张幼仪定亲之后，也许是学校的老师觉得张幼仪马上要嫁人了，不仅不怎么管教张幼仪，甚至张幼仪上课回答错了问题，老师也不再费心。

学校里有一位教学严格的算学老师，张幼仪定亲以前，那位老师一度将张幼仪视为得意门生，但是张幼仪定亲之后，那位算学老师颇为灰心，自此教授张幼仪也是无所谓的样子，大抵那位老师的内心，对张幼仪定亲，也有些失望和无奈吧。

# 【2】十里红妆，门当户对

时间很快来到 1915 年 9 月，此时距离张幼仪和徐志摩的婚期只有两个月的时间了。在学校读书的张幼仪，接到家里的消息，便离开学校，回到家中准备出阁。

虽然张幼仪并不想这么早结婚，但张幼仪无力反抗。自从张幼仪和徐志摩定亲后，张家就已经在为张幼仪的婚事进行筹备工作，张幼仪所能选择的，只有顺从而已。

提到婚礼的筹备，首先便是准备彩礼和嫁妆。彩礼即"六礼"中的"纳征"，《礼记·昏义》中解释："纳征者，纳聘财也。征，成也。先纳聘财而后婚成。"

女儿出嫁，娘家人会根据家庭环境的不同，采买不同品种和数量的嫁妆。贫穷老百姓结婚，一般会陪送桶、油灯、日常的衣服还有围裙，之所以陪送围裙，是意味着这个出嫁的女孩子，婚后得穿着围裙，围着锅炉灶台打转。稍微富裕一些的人家，所陪嫁的东西，除了女孩日常的衣物、妆奁，还有金银玉器等首饰，嫁妆数量则以"抬"论，因为那时女孩子的嫁妆大多是装在轿子里，然后请专门的人，在结婚的前一天抬到男方家里。嫁妆的"抬"数也有规定，大多数是"十二抬"或者"二十四抬"，有的家庭也会准备"三十二抬"的嫁妆，以示对女儿的重视和宠爱。

此时，张幼仪家距离当年从式训堂搬到南翔，已经过了将近五年时间，随着张幼仪的几位哥哥从日本留学回来，张祖泽一家的经济情况已经得到了大幅度改善。

二妹张幼仪的婚礼，受到几位兄长的重视，为了筹备好小妹的婚礼，张幼仪的六哥被张家人打发到了欧洲，专门去监督张幼仪嫁妆的采买事宜。

张家为张幼仪从欧洲采买回来的嫁妆，大多是当时最时兴的，沙发、凳子、玻璃陈列柜、私人橱柜和衣柜，许多都曾在当时的时尚杂志上出现过。

除了西洋家具，中国传统家具，张家也没少为张幼仪采买，而且材质大多是红木或者乌木。这两种木材，都价值不菲：红木材质坚硬，生长缓慢，成材需要几百年时间，中国人早就发现了这种木材作为家具的价值，以至早在明、清时期，我国境内的红木就已经所剩无几；乌木更是有着"东方神木"和"植物木乃伊"的美称，古人甚至盛赞："家有乌木半方，胜过财宝一箱。"

除了品质，张家为张幼仪采买的嫁妆之多，也令人咋舌，甚至多到张幼仪没法整批带着这些嫁妆到硖石的地步。按照张幼仪本人所说："家具多到连一列火车都塞不进去。"

为了将家具顺利带到硖石，在家具从欧洲买回国之后，张幼仪的六哥专门从上海找了一艘驳船运送。驳船，就是平时专门用来运送大宗货物的船。

找到驳船之后，张幼仪的嫁妆很快运抵硖石，只是嫁妆到了硖石之后怎么运到张家又成了问题。张幼仪的那些嫁妆，大多属于大物件，而那时中国的汽车货运十分稀少。

　　无奈之下，张幼仪的六哥只能找了些差役，专门运送这批嫁妆。

　　张幼仪的嫁妆，从驳船上搬下来，运到硖石的时候，着实震动了硖石的百姓，整个镇上的人，从来都没这等规模的嫁妆，以至于在搬运的时候，镇上的人都围在街道两旁观看：精美的箱子摆满了刺绣的亚麻织品，玻璃柜里则陈列着精致的瓷器，桌子上铺着上等的亚麻桌布，双人份的碗、筷、杯、汤匙，插着花的精美花瓶……有些嫁妆，为了避免损坏，还特意用最好的红绸护住。

　　那一天，十里红妆不再是想象中的画面，而是实实在在发生在了硖石老百姓的眼前。

　　因为要押送嫁妆，张幼仪的六哥也和嫁妆一起到了硖石。张幼仪的六哥到了硖石之后，马上给张家去了一封信，告诉了家人他所了解的关于徐家的一切。

　　随着六哥这封信的到来，张幼仪和家人对徐家有了进一步的认识。比如，张幼仪此时知道，徐志摩的父亲徐申如被称为"硖石巨子"，是个极为成功的实业家，他本人不仅担任了硖石商会总理、会长，更是浙江省咨议局的议员。

　　张幼仪的六哥，甚至夸张地将徐家形容成"猪群里的一头牛"。

　　至于张幼仪本人对徐志摩的进一步了解，则是在六哥从硖石回到南翔之后。六哥信誓旦旦地对张幼仪说，徐志摩才华横溢，前途无量。

　　六哥还给张幼仪讲了许多徐志摩小时候的事情，比如徐志摩周岁抓周时，一个叫志恢的和尚恰好路过徐府，自称能摸骨算命，得到徐申如的许可之后，那位大和尚在徐志摩的头上仔细抚摸了一番，然后颇为郑重地对徐申如说过"此子系麒麟再生，将来必成大器"这样的话。

　　又比如，六哥还对张幼仪讲，徐志摩从四岁开始，就跟着一位私聘名师学习古文，而且年纪很小的时候，便已经显露出才华，十一岁进入西洋学科的新式学堂之后，同学们都将徐志摩称为"神童"，徐志摩本人也因为学习成绩优异，当上了班长。

再比如，徐志摩在十五岁的时候，已经像一个成人学者，谈吐气质，颇为不凡，徐府的人都毕恭毕敬地叫徐志摩少爷。而且徐家已经为徐志摩规划好了后面的一切，等到从杭州府中毕业后，徐志摩会去北京读几年大学，然后再到国外深造，从国外回来之后，徐志摩会到政府任职或者由徐志摩的父亲安排，进入商界、金融界。

在六哥的讲述里，张幼仪心里隐隐对徐志摩升起了一丝期待。张幼仪觉得，也许这桩"父母之命，媒妁之言"的包办婚姻并没有自己想象中那么坏，即便自己不是那么想结婚，即便自己依旧向往校园的生活，但是若未来的丈夫徐志摩是一个如同自己几位哥哥一般的人物，思想先进的同时又保留着传统的色彩，那么自己未来的幸福，或许是可以期待的。

张幼仪开始向往未来的生活。


# 【3】燕燕于归，人生初见


按照婚礼的一般规矩，新娘子出嫁时会有送亲的队伍。据《中华全国风俗志·六合之婚礼》所述，送亲流程是"婿家延请亲友，先舆往女家，曰迎亲；女家亦延亲族，随舆至婿家，曰送亲"。

送亲，一方面显示出新娘的家人对女子的重视，另一方面也增加婚礼的热闹氛围。但是张幼仪出嫁时，并没有跟着张家的送亲队伍一起走，而是提前去了硖石。

张家之所以如此安排，是因为当时张家将嫁妆送到硖石时，实在太过于轰动。张幼仪的六哥担心，一旦再将送亲场面搞得太过盛大，必然又会引起硖石百姓的围观，在人群拥挤之下，有可能出现安全问题。

张幼仪坐火车去的硖石。那一天，她不像个出嫁的新娘子，倒像个出去旅行的少女。她穿着平日里最常穿的衣服，妆容也是最简单的样子，与张幼仪一起前往硖石的，是张幼仪一位已经结过婚的堂姐。

硖石位于浙江省海宁市东北部，距离南翔大约130公里，那时最快的火车，每小时也只有40多公里，因此张幼仪从南翔到硖石，大约得三四个小时。

虽然硖石的行政规划只是镇级单位，但这里的经济一直都很发达。唐宋以来，因为经济重心的南移，加上水系发达，硖石渐渐成为古时航运交通枢纽及货物集散地。到了明朝，甚至已形成"东薄武原，北窥禾郡，南阙崇邑，西通省会"的镇区格局。明代大理寺左丞朱逢吉曾在《崇慧华严寺记》中记载硖石的盛况："民遂水曲以居，走远迤麟次，戢戢出烟树间。越贾吴商，樯舶云集，实海宁一邑之最胜地焉，故称其处曰'硖石'。"

清末，随着上海开埠和铁路的贯通，硖石乘势而起，成为海宁的经济重镇和现代工商业的发源地，电灯、电话、缫丝、皮革等在此逐渐兴盛，其中最值得一提的是硖石的米市。

民国时期，上海有粮食交易所，类似如今之大宗商品交易所。粮食交易所常常会写上各地的米价以做参考，一般上面所写的地名，要么是上海、杭州、南京这样的大城市，或者西贡、曼谷、仰光这样的国外城市，但当时上海的粮食交易所里，常常会写上"硖石"这个小地方的地名。之所以如此，是因为当时硖石的米市价格，对于那些实业家或者商人十分重要。

也许是想到一旦离开了南翔，嫁了人，以后再回娘家就不知道是何年何月，所以张幼仪一路上都有些伤感。火车一路飞奔，张幼仪也将所见的景色深深印入心底：远处隐约的山岚；戴着帽子在水田里劳作的农民；心灵手巧，在桑树下辛勤劳作的姑娘；甚至还有铁路旁不知何时蔓延起来的藤蔓和路旁的小花。

随着火车不断向西，张幼仪距离自己生活了 15 年的宝山和南翔也越来越远。

火车抵达硖石时，张幼仪和堂姐一起下了车。按照张幼仪六哥的计划，张幼仪是悄悄到硖石的，但是没想到一下车，张幼仪就看到了很多闻声而来的镇上的人，张幼仪最初以为是自己的行踪泄露了，后来她才知道，是镇上的老百姓知道婚期已近，竟提前好几天在火车站等候。

好在张家和徐家早有准备，安排了一顶轿子在车站等候。张幼仪和堂姐下了火车便急急忙忙钻进轿子，随后悄声告诉轿夫自己要去的地方。

轿夫起轿后，引起了火车站一些人的注意，这些人中，有些人怀疑轿子里坐的是张幼仪，有些却认为不是。因为用来接亲的轿子一般是红色的，但起轿的轿子却是绿色的。即便如此，还是有很多人跟上了张幼仪和堂姐坐的轿子。

好不容易到了徐家为张家安排的宅子，张幼仪和堂姐才摆脱了因为好奇而跟随她们的人。由于此时张家人都没有到硖石，所以徐家安排的宅子显得有些空荡，宅子里除了张幼仪和堂姐，只有徐家早已安排好的佣人。

张幼仪和堂姐在宅子里过了一夜，第二天，浩浩荡荡的张家送亲的人到达硖石，本来空荡荡的宅子，也因为亲朋好友的到来，略显拥挤。

按照那时江浙一带结婚的规矩，在婚礼的头一天晚上，新娘的家人会请新郎宴饮，这是对新郎进行最后的考察。这次宴饮，除了新娘本人，一般新娘的家人都会在场。

或许是因为一路从硖石赶来太过劳累，也或许是因为要为第二天的正式婚礼做准备，张幼仪的父母未参加这次宴饮。

张祖泽将宴饮接待的工作交给了张家的小辈。当时，张幼仪的二哥张君劢远在欧洲的柏林，负责招待的事情就落到了张幼仪的四哥和六哥身上。张幼仪的四哥一向对徐志摩钦佩有加，请徐志摩宴饮，自然准备得很充分。

就在张家人都在等待着徐志摩到来的时候，张幼仪和堂姐偷偷藏到了楼上的栏杆后面，准备偷偷看看徐志摩的真容。

没多久，徐志摩便出现在了张家安排的宴会上。徐志摩走进宅子的时候，藏在楼梯上的张幼仪终于看到了他。彼时的徐志摩，瘦瘦的，戴着一副圆框眼镜，看起来既斯文，又有些弱不禁风。

张幼仪的堂姐看到张幼仪盯着徐志摩，笑问张幼仪对徐志摩的看法。堂姐的本意是询问张幼仪觉得徐志摩是否长相英俊，但是没想到张幼仪却简单回了一句："两只眼睛，两条腿，所以不算太丑。"

张幼仪并没有观察徐志摩太久，因为进入宅子后，徐志摩便被张幼仪的四哥张嘉璈等人接到了宴会上，张幼仪和堂姐随即便离开了。

# 【4】以尔车来，以我贿迁

张幼仪和徐志摩的婚礼，既保留了传统婚礼的典雅，同时也吸收了西式婚礼的浪漫。因为徐志摩在结婚前说过，他想要一个新式新娘。所谓的新，在徐志摩心中，自然是完全的西式，但是婚礼真正举办时，这种新却仅仅只实现了张幼仪婚服的新。

张幼仪的婚服，既非传统的大红，亦非西方嫁衣的洁白，而是一件粉色纱裙，红白混合。那件纱裙上面绣着一条金龙，用料、质地均非常考究。张家人甚至还专门为张幼仪准备了一顶头冠，头冠是西方样式，颇为精美。

出嫁的那一天，新娘子会打扮得漂漂亮亮的，作为张家第一个出嫁的女孩子，张幼仪也没有少这一套流程。

为张幼仪化妆的，是张幼仪的堂姐。堂姐在端详了张幼仪一番后，在张幼仪的妆容方面颇用了一番心思：张幼仪的头发被盘成了三个小小的圆髻，像极了三朵花的样子；张幼仪的脸上被仔仔细细地扑上了白粉和胭脂，让张幼仪显得白皙靓丽；张幼仪的眉毛，在被精心修饰一番后，画了一个优美的弧度……

以往在家里或者在学校，张幼仪并非喜欢打扮或者装扮的人，这次出嫁前的化妆，让张幼仪觉得既新奇又兴奋。

在化妆时，堂姐还专门纠正了张幼仪的一些习惯性动作，让张幼仪看起来更加端庄温婉。张幼仪平时喜欢大大方方地直视别人，堂姐便教张幼仪如何收敛自己的目光，如何让她看起来是个兰心蕙质、知书达理的淑女。

等张幼仪完全化好妆，张幼仪的母亲和堂姐帮张幼仪重新整理了一下礼服上褶皱的地方，然后又给张幼仪戴上了头冠，随后二人便领着张幼仪下了楼。

张家的其他人，早已在楼下等待。张幼仪的父亲张祖泽、哥哥以及家中的亲属，每个人都穿着丝制礼服，显得庄重而正式。

当张幼仪从楼上走下来时，所有人都看向了她。他们惊叹于张家那个平时闷声闷气的二小姐，今日竟是如此的明艳动人。短短的几步楼梯，就像是张幼仪在张家一步步从小到大的成长足迹，从一个小女孩，逐渐成长为今日的新娘子。

张幼仪走到所有人面前，与张家人的目光一一交错而过。

宅子前的花轿，早已备好；来迎亲的宾客，也早已等待多时。张幼仪的母亲为张幼仪放下了沉重的盖头。

盖头放下的那一刻，张幼仪的眼前有点黑，她甚至差点失去平衡。张幼仪的母亲及时挽住了女儿的手臂，然后轻声对女儿说："今天走路要抬头挺胸，有人会一直领着你。"

这句话，既给了张幼仪安慰，同时也让张幼仪的心安定下来。

随后，张幼仪的母亲将张幼仪交给了前来迎亲的宾客，那些人将张幼仪挽扶着，跨过了轿门前的障碍，坐进了轿子中。喜庆的吹打声、热闹的鞭炮声响了起来，坐在轿子中的张幼仪，心头萦绕着一种淡淡的伤感：从今天开始，自己就离开了张家，离开自己的父母了啊……

轿子起轿，向着徐府出发。

# 【5】青庐交拜，红烛良夜

作为张家头一个出嫁的女儿，张家为张幼仪准备的出嫁阵仗，不可谓不浩大；而徐志摩作为"硖石巨子"徐申如的独子，徐家为他准备的迎亲队伍，阵容也堪称壮观。

徐家为了迎亲，特意请了四个举旗的人开道。这四个人，两个举着张家的旗子，两个举着徐家的旗子，一路前行。后面跟着的，是张家送亲的队伍，张幼仪的哥哥跟在张幼仪的轿子旁，一路护送。

张家送亲队伍的末端，大批头顶红伞的乐师一路吹拉弹唱，这些乐师后面，是徐家长长的队伍。附近的居民都在路旁观看这场少见的盛大婚礼。

坐在轿中的张幼仪，安静而乖巧，表现得像个有着良好家教的小家碧玉。事实上，张幼仪也的确如此，在父亲张祖泽和母亲多年的教导下，一直安分守己，规规矩矩。

张幼仪和徐志摩举办婚礼的地方是徐家礼堂，距离张幼仪出发的宅子并不远。当轿子停在礼堂时，坐在轿中的张幼仪听到了礼堂里宾客的喧哗声。张家本来就是大家族，这次邀请的宾客有三百多人，而徐家在硖石有头有脸，邀请的人也不在少数，所以这场婚礼热闹非凡。

就在张幼仪倾听轿子外面声音的时候，有人掀开了轿帘，张幼仪知晓，这是有人接自己下轿了。张幼仪在那个人的带领和搀扶下下了轿子。

随着张幼仪下轿，她的盖头里也透进了一些光亮。张幼仪透过这些光亮，看到了礼堂内的一些情形：摆放有序的桌椅，桌子上的碗筷，成排的宾客……

张幼仪从宾客面前走过，那些宾客注视着藏在盖头下的张幼仪，每个人都期待着看到盖头下面新娘子的容貌。就在大家等待婚礼开始时，张幼仪听到前方不远处忽地有人清了一下喉咙，那个人的声音虽然轻微，但是张幼仪还是感觉到了他的紧张。

那个人是徐志摩——就在他出声的一瞬间，张幼仪就确定了他的身份。即便盖着盖头，即便此前只和徐志摩见过一面，但张幼仪依旧确定，站在自己前方不远处的，就是即将成为自己丈夫的徐志摩。

当侍者领着张幼仪走到徐志摩身边，张幼仪在徐志摩跟前站定后，张幼仪感觉到有一双手伸到了自己面前，准备掀开盖头。张幼仪既紧张又激动，她不知道这个即将成为自己丈夫的人会不会喜欢自己，会不会对自己满意，会不会对自己露出一丝笑颜……

盖头被缓缓掀开，张幼仪看向了徐志摩，虽然在化妆的时候堂姐告诉过她，新娘子应该收回自己的目光，尽量表现得像个世家大小姐，但是张幼仪知道，徐志摩想要的是一位新式女子，她想让他满意。

随着盖头完全被掀开，张幼仪近距离地看到了徐志摩，他柔顺的头发，他的耳朵，他的眉眼，他的嘴唇以及他藏在厚厚的圆圆的金丝眼镜下的那双眼。

张幼仪本以为自己能从那张脸上看到一丝笑意，但是徐志摩却一直表现得很严肃。张幼仪看到那张严肃面孔的一瞬间，心沉了下去。

眼前的这个男人，不喜欢自己。张幼仪第一时间，便察觉到了徐志摩内心的感情。

可是张幼仪还是不死心，她探寻着徐志摩的双眼，试图从那双眼睛里找出一丝线索，推翻自己的结论，可惜张幼仪并没有找到。

徐志摩的双眼虽深邃如星辰，辽阔如大海，但是张幼仪却没有从中找到属于自己的哪怕一丁点的影子。

张幼仪一瞬间感觉有些委屈，也有些迷茫。从小到大，父亲和母亲，家中的长辈，身边的仆妇从来只教会了她如何遵守传统女子应该遵守的规矩，却没有一个人教她，当丈夫不喜欢自己时，自己应该怎么办。

张幼仪想到了自己为这场婚礼所做的牺牲：听从父母之命，接受了这桩婚事；从学校退了学，告别了喜欢的校园时代；在出嫁前认认真真准备，从来不习惯涂脂抹粉的她，在化妆的时候任由堂姐在脸上妆扮……

徐志摩为何不喜欢自己？是因为自己长得不好看，或者自己不够新式，又或者自己有一双大脚？张幼仪不知道。

张幼仪的迷茫并没有持续多久，因为婚礼还在继续。她必须放下此刻心中的任何波澜起伏，去应对这一场可能结果未必美好的婚姻。

掀开盖头之后，按照传统婚礼的流程，张幼仪和徐志摩得给参加这场婚礼的亲友磕头。张、徐两家的宾客济济一堂，张幼仪和徐志摩得不折不扣地完成这场仪式。

徐家礼堂的上方，摆放着两张太师椅，张幼仪和徐志摩就站在太师椅跟前。每当婚礼的主持者念到宾客的名字时，宾客就会坐到太师椅上，然后张幼仪和徐志摩一起弯腰、屈膝、跪拜……

整个跪拜的过程，持续了好几个小时，张幼仪和徐志摩一直重复着跪下去、站起来，然后又跪下去、站起来的动作。一开始，张幼仪和徐志摩尚且还能坚持，可是到后面的时候，两人都差点没累倒下，甚至张幼仪跪拜最后一些人的时候，都认不出谁是谁。至于张幼仪的两条腿，则痛得完全不属于张幼仪了。

跪拜的礼仪完成之后，便正式开席，宴请到来的宾客。张幼仪被送进了房间。外面人声鼎沸，欢声笑语，张幼仪一人独自待在房中。

宴席完毕，宾客本该离去，但没想到这个时候，硖石的乡间响起了枪炮声。

打仗对于来徐家的宾客来说不算奇闻，但是从硖石开往上海的火车却中断了。来参加张幼仪和徐志摩婚礼的宾客，大多有一定的社会地位，很多人都在上海拥有自己的公司或者生意，在当天无法回到上海的情况下，这些宾客只能给上海的上司、合作伙伴或者家人打电话，告知他们自己需要第二天才能回上海，而他们则在徐家的安排下，留在硖石过夜。

婚礼当晚，是要闹洞房的。闹洞房又称"逗媳妇"，最早有驱邪避灾之意，有些地方则有"闹喜闹喜，越闹越喜"之说。

如果硖石没有打仗，闹洞房会相对简单一些，可如今那些宾客都回不去，他们便一起拥到了张幼仪和徐志摩的婚房闹洞房。面对这些人的戏弄，张幼仪还不能发脾气，因为按照规矩，这是检验新娘子脾气的时候。如果张幼仪哭了、笑了或者开口了，便会被认为脾气不好。

那些闹洞房的人，有的试图让张幼仪唱个歌，有的试图让张幼仪跳支舞，有人甚至对张幼仪品头论足，说张幼仪的大脚难看，张幼仪全都置若罔闻。至于有些闹得非常过分的宾客，则被张幼仪的哥哥们拦住了。徐志摩并不在房间里，而是在外面与旁人插科打诨，笑语聊天。

　　张幼仪看到身边人的热闹，又听到外面的欢声笑语，只觉得更加孤独。在张幼仪看来，来参加这场婚礼的每个人得到的快乐和乐趣，都比她这个新娘多得多。

　　闹洞房一直持续了好几个小时才消停，张幼仪在几位哥哥的保护下，整个过程并未发生尴尬的事情。

　　直到第二天清晨四点，那些闹洞房的亲朋宾客才终于散去，张幼仪此时也累坏了，独自一人坐在房间里休息。约莫休息了五六分钟，门外响起了一阵脚步声，接着徐志摩推门走了进来，跟在徐志摩身后的，还有几个徐家的佣人。

　　一个佣人将床上的被子直接拉到了床尾，然后在床的中间摆上了一块白色丝帛。张幼仪看到那块白色丝帛没有感到吃惊或者意外，因为事先堂姐就已经和她说过，这块落红布，是徐家检测她是否是完璧之身的方式。

　　几个佣人将张幼仪扶到梳妆台前，张幼仪盘成三个圆髻的头发被放了下来，松散地垂在耳鬓肩，只简单地用了两只玉梳固定，她身上的礼服，则被佣人褪去，只剩下一件单薄的绣着鸳鸯的红丝袍。至于徐志摩，也在佣人的帮助下，身上只剩下一件丝袍。

　　做完这一切之后，徐家的佣人离开了婚房，房间内只剩下徐志摩和张幼仪。二人相互注视着，都有些紧张，也都保持着沉默。

　　张幼仪本想和徐志摩说说话，想告诉徐志摩，自己现在是徐家人了，她以后会好好侍奉公婆，但是张幼仪却不知道怎么开口。

　　徐志摩也没有和张幼仪说话，大概他也不知道，自己究竟该怎么和这位父母帮自己安排的妻子聊天。

　　两个人的婚姻，从沉默开始。

# 第五章

# 寂寞空庭
# 深锁春光一院愁

# 【1】桃夭新妇，宜室宜家

对于张幼仪来说，在和徐志摩的婚姻里，她几乎没有做错过什么事，可偏偏徐志摩就是讨厌她，如果非要追究张幼仪做错了什么，那就是她没有坚定地拒绝这桩婚事。只是，婚姻从来都不是两个人的事情，徐志摩面对这桩婚姻的时候，不也没有坚定地拒绝？

无论如何，婚已经结了，而且张幼仪从来没有想过离婚，社会环境和张家人也绝对不会允许张幼仪离婚。张幼仪只能按照母亲教导的，履行作为徐家媳妇的职责。

婚后第一天，张幼仪便起了个大早，去向公婆请安。尽管她前一天磕头磕了很久，全身都疼痛不已，尽管她差不多一晚上没睡，可她还是认认真真地梳妆，去尽作为徐家儿媳的义务。

在母亲的教育下，张幼仪学到了许多做媳妇的规矩，比如绝对不在家里披头散发，或者妆容不整地出现在大家面前；又比如"晨昏定省"，每天早上起得比公婆早，给他们请安，每天晚上睡得比公婆晚，等得到公婆的许可之后，才告退去休息。

张幼仪一直小心翼翼地扮演着徐家儿媳的角色，争取不让自己在生活中有一点点失误。然而即便如此小心，初婚的张幼仪还是受到了一次批评。

徐家和张家的生活习惯不太一样，张幼仪的父亲喜欢美食，而且常常去厨房观看厨师做菜，但在徐家，张幼仪的公婆几乎从来不去厨房。然而偏偏有一天，张幼仪正在厨房时，婆婆不知为何兴起，竟也下厨房做菜，站在一旁的张幼仪一时间不知道如何是好。

就在这时，一个在徐家生活了多年，熟知老太太习惯的老佣人，给张幼仪递过来一把扇子，让张幼仪给徐家老太太扇风，然后还一边说道："你应该让自己有点用处，趁你婆婆煮东西的时候，让她凉快凉快。"

张幼仪接下扇子开始给婆婆扇风，然而自己心里却多少有点委屈，毕竟在徐家生活，她已经很仔细了。

日子一天天过去，张幼仪也渐渐熟悉了徐家的生活，徐家的两位老人开始让张幼仪负责一些家里的事情，比如送礼。

春节、端午、中秋，抑或是某人的生辰，某家有了喜事，相熟的朋友、亲人都会相互馈赠礼物，以表心意和祝福。

作为硖石首富，徐家在商界、政界乃至文艺界都有广泛的关系，来往的客人也大多是社会名流。每逢佳节，都会有不少人给徐家送礼，因为送礼的人多，徐家的礼物有时候甚至堆成了小山。

中国人讲究礼尚往来，《礼记·曲礼上》说："礼尚往来。往而不来，非礼也；来而不往，亦非礼也。"收下了别人的礼物，就要进行回赠。张幼仪的婆婆是个比较节省的人，不喜欢浪费钱，回赠的礼物，张幼仪的婆婆通常会从收到的礼物中挑选。

回赠礼物这件事有很多讲究，若是将别人送来的礼物原样送还，无疑是得罪人的，徐家也丢不起这样的人。张幼仪的婆婆在挑选回赠的礼物时，会让张幼仪在一旁协助。

张幼仪要做的事情，就是避免把别人送来的礼物再原样送回去。张幼仪每次面对这种事情时，都异常头疼，因为徐家的客人多，每次她都得异常小心，才能确保不将别人送来的礼物原样送还。

许是被这些事情给弄烦了，有一回回家省亲后，张幼仪从上海回硖石时，索性一次性将送给徐家亲戚的礼物都买了。张幼仪的婆婆看见张幼仪买回家里的那些礼物，十分吃惊，问张幼仪花了多少钱。

张幼仪知晓老太太是个节省的人，只说花了二十块银圆，老太太听后喜笑颜开，认为张幼仪会过日子。

徐家老太太哪里知道，张幼仪为了买这些礼物，花了整整四十块银圆。至于被张幼仪瞒报的那二十块银圆，自然是张幼仪自己出的。徐家每个月会给张幼仪十块或者二十块银圆，这些钱张幼仪从来没有用过。

# 【2】安分守命，寂寞芳菲

婚后不久，徐志摩便开始外出求学，徐家也冷清下来。徐志摩的外出求学，对张幼仪并没有产生任何影响，她还是日复一日地认真地扮演着属于她的角色——徐家的儿媳。

除了每天早晚给徐家的二老问安，平日的闲暇时光，张幼仪要么照顾徐家二老的生活，要么和徐家的女眷坐在一起缝鞋子。缝鞋子这件事，以前张幼仪在张家时，是由张家的佣人负责，然而徐家有徐家的规矩，徐家的规矩是徐家女眷自己动手，张幼仪便要遵守规矩。

通常，缝鞋子都是在徐家女眷的屋里，那里总是会提前准备好针线、鞋子、绸布等物。张幼仪和徐家女眷缝鞋子的时候，自取自用需要的材料即可。

民国时代，缝鞋子的步骤十分讲究。一般来说，要缝制一双鞋子，需要先找一块厚厚的鞋底，然后缝上黑布作为鞋面，其后饰以复杂的云气纹，最后以真丝绣上寓意美好的"福"字或者"寿"字等图案。

每次张幼仪和徐家女眷一起缝制鞋子的时候，凡是给婆婆缝制的鞋子，张幼仪都十分用心，以细腻小巧的针脚完成，务必保证美观大方，但是等到给自己缝制鞋子的时候，张幼仪便草草应付，只要鞋子能穿便好。

之所以如此，是因为张幼仪觉得婆婆是徐家长辈，需要用心侍奉；而自己平时极少出门，穿什么、穿得怎样都无所谓。最重要的是，张幼仪不喜欢缝鞋子。

就在张幼仪日渐融入徐家生活的时候，徐志摩在学问上也日益精进。和张幼仪结婚前，徐志摩便考入了上海浸信会学院暨神学院，但生性好动的他，并没有安心念完浸信会学院暨神学院的全部课程，而是转而北上，考入天津的北洋大学预科，攻读法科。

1917 年，北洋大学法科正式并入北京大学，徐志摩也因此转到了北大就读。在北大期间，徐志摩不仅学习法学，还钻研日文、法文、政治学，同时涉猎中外文学，徐志摩的文学水准，也在这一时期得到飞速提升。

虽然沉浸于书本知识，但徐志摩并没有成为书呆子。在阅读各种著作的同时，徐志摩也积极和各种精英名流往来。

当时，北京大学由蔡元培担任校长，蔡元培主张"思想自由，兼容并包"和"大学者，研究高深学问者也"。因此，那时北大聚集了大量名人，既有胡适、李大钊、鲁迅、梁漱溟这样的文化人士，也有黄节、吴梅、刘文典、马裕藻等知名学者，还有政治上守旧但是有一定学术造诣的社会名流，如辜鸿铭、刘师培、黄侃等人。

与这些人的交往，无疑进一步拓宽了徐志摩的眼界。

在这些人中，徐志摩感兴趣的有两位，一位是胡适，另一位是梁启超。彼时的胡适，已经在《新青年》上发表了《文学改良刍议》，吹响了白话文运动的号角。徐志摩后来用白话文写诗，不能说没有受胡适的影响。

至于徐志摩和梁启超的相识，则和张幼仪的二哥张君劢和四哥张嘉璈有关。徐志摩中学时便对梁启超崇敬有加，而张君劢和梁启超一直过从甚密。

1913年，张君劢因发表《袁政府对蒙事失败之十大罪》，触怒袁世凯，远走德国，但随着时间流逝，当年的事情逐渐淡化，1916年，张君劢返回了国内，并在北京大学任教。张君劢将徐志摩介绍给了梁启超，梁启超欣赏徐志摩的才华，收了徐志摩做弟子。

徐志摩在北京求学期间，偶尔会给家里写信，每次但凡有徐志摩的信件至家，徐申如就会当着全家人的面大声宣读。

徐志摩在信件中讲述他在北京的生活情况，让张幼仪颇为羡慕。再三考虑下，张幼仪给自己的母校写了一封信，询问自己是否可以回去读书，但学校传来的消息，让张幼仪失望。

校方告知张幼仪，因为她已经错过了一学期的课程，若想重新上学，必须重新读一年，这意味着张幼仪必须在学校里整整待两年才能毕业。

两年，对张幼仪来说是不可接受的。一方面张幼仪刚刚结婚，她根本不敢违背那个时代的规矩，抛下公婆去读书；另一方面，张幼仪也担心若是自己贸然离开徐家去上学，影响徐家的名声。

张幼仪是徐家的儿媳，是硖石镇首富的儿媳。结婚时，张幼仪那双大脚便已经让镇上的百姓觉得太新潮；结婚后，张幼仪仅仅因为每个月回一次娘家，便被镇上的乡亲诟病。镇上百姓不理解为何张幼仪总是要回娘家，一些人只是单纯地好奇，或者以为她和徐家的老太太相处不来，但也有一些人却阴暗地认为张幼仪脾气太大，不好相处。

徐家人本来没把这件事放在心上，但人言可畏。随着流言的扩散，徐申如还是提点了一下张幼仪，告诉她这些闲话不好听。

徐申如并没有把话说明，但是张幼仪领会了徐申如的意思。所以，在收到学校的回信后，张幼仪便断了继续去学校学习的想法。

即便张幼仪知道，学习可能是改变自己命运的唯一机会，可是面对徐家的要求，张幼仪还是顺从了。

# 【3】貌合神离，咫尺天涯

法国作家莫里哀在他的作品《伪君子》里说过："铜墙铁壁也阻止不了流言蜚语。"

日子平静地一天天过去，张幼仪渐渐熟悉了在徐家的生活，学会了如何做一个传统视角下合格的、免受诟病的儿媳。

但熟悉有时候并非好事，因为这往往意味着需要与更多的人打交道，以及接受更多或好或坏的消息。

作为硖石首富，有关徐家的流言从来都不少。徐家被镇上的百姓和家中的佣人议论最多的，自然是徐家的掌舵人——张幼仪的公公徐申如。

张幼仪无意关注这些绯闻。但即便如此，有些消息还是传到了张幼仪的耳朵里。

徐家的佣人们议论徐申如，说他虽不在家中养小老婆，但是却在镇上交女朋友，而且东南西北每个方向各一个。每天晚上，徐申如都流连于镇上的茶室，和镇上那些老老少少一起，看裹了小脚的姑娘们在桌子上跳舞，被她们迷得神魂颠倒。

那些佣人们在讨论这件事的时候，经常对小脚推崇有加，说小脚才是一个女人最珍贵的财产，是她们嫁妆的一部分。

关于公公的流言，张幼仪觉得没什么，因为她知晓，这些流言里，有相当一部分是夸大和以讹传讹的。但是那些佣人讨论小脚的时候，却让张幼仪有些迷茫和动摇。

一直以来，张幼仪都觉得，自己的那双大脚代表着自己的新潮与进步，但是在那些佣人眼中，她的那双大脚简直毫无优点可言，甚至成了张幼仪的负累。张幼仪有时会觉得，自己不能去镇上行走，不能接受教育，甚至连自己的丈夫徐志摩不喜欢自己，都是那双大脚的原因。

在这样的环境里，张幼仪的自卑，开始从心底蔓延。

也是在这时，徐志摩放假回家了。一般来说，丈夫回家，无论妻子或者丈夫，都应该高兴才对，只是徐志摩对张幼仪似乎一直存在某种抵触，即便是回家，也对张幼仪不闻不问，不理不睬。除了履行最基本的夫妻义务，徐志摩更像是从来都没结过婚，而张幼仪则更像一个挂着妻子名头的高级佣人。

徐志摩有时会在院子里看书，而张幼仪则坐在他身边缝补东西。徐志摩偶尔会对佣人吩咐给他拿这拿那，或者让佣人帮着挠痒，而对一旁的张幼仪则视而不见。

人与人之间的伤害，往往不是言语上的刺激，更多的是冷漠和无视。张幼仪就是被徐志摩无视的那个人。

作为张家的二小姐，嫁到徐家之前，无论家中的佣人还是亲人，没人如此对待过张幼仪，即便是学识渊博或地位崇高者如张幼仪的父兄等人，也从未如此。

作为妻子，没有女子不希望婚后过得幸福。在见到徐志摩后，嫁给徐志摩之前，张幼仪也曾有过这样的期待。但在结婚的那一天，张幼仪的这种想法便破灭了。

张幼仪一直觉得，即便自己和徐志摩之间没有爱情，即便两个人的婚姻是包办婚姻，做不到情真意切、相敬如宾，但徐志摩应给自己最基本的尊重。但徐志摩没有。他给张幼仪的，只有漠不关心。

放假在家的日子里，徐志摩除了在院子里看书，有时候也会出门，而作为妻子的张幼仪大多时候都不知道徐志摩的行踪，甚至需要向徐家的佣人打听，才能知道徐志摩去了哪里。

徐志摩不看书时经常去的地方，是徐家在东山上的一栋房子，张幼仪从来没去过那里，但知晓那个地方叫望夫山，山上还有一座女子的雕像。

望夫山的得名和那座雕像与一个传说有关。传闻当年，硖石有个美丽的女子嫁给了一个商人。商人经常出海，而女子则常常立在山顶盼望丈夫归来。有一回，丈夫再次出海，只是没想到出海后一去不归，女子便在山上日复一日地等，最终变为了山顶的雕像。

望夫石的传说，在中国各处都不少，大多数人听闻的时候，都是有感于爱情的伟大和妻子的忠贞。但是张幼仪听到这个故事的时候，却只觉得悲凉。

晚年时，张幼仪曾经感叹过自己和徐志摩的婚姻。她认为，自己是个"不三不四"的女子。这里的"不三不四"并非指张幼仪道德上有污点，而是她对自己在和徐志摩结婚的那几年里，在徐志摩心目中和在徐家的境况的尴尬定位。

在徐志摩眼中，张幼仪没有读过书，观念陈旧，是个思想上的"小脚女人"；在徐志摩的父母眼中，张幼仪不够传统，因为她有一双大脚。

## 【4】兰梦之征，身怀六甲

对于一个女子来说，成为母亲是人生中非常重要的一个角色转变。

张幼仪发现自己怀孕了，是在徐志摩回家后的某一天。

那一天，张幼仪正在吃午饭，突然间感觉没有胃口。在此之前的十几年里，张幼仪虽然也有过没有胃口的时候，但这次的感觉，却是如此特别。

张幼仪告诉婆婆自己没有胃口时，婆婆起初也觉得奇怪，过了片刻，婆婆像是明白了什么似的，然后欣喜地告诉张幼仪，她这是有喜了，也就是怀孕了。

听了婆婆的话，张幼仪顿时愣在了原地。这种愣住并非出于惊讶和兴奋，而是迷茫和恐慌。对于一个从来没有做过母亲的女子来说，突然有了孩子，便意味着自己身上有了一份沉甸甸的责任。自己能当好一个母亲吗？自己能教育好这个还未出生的生命吗？以后的生活应该怎么安排？

张幼仪迅速调整了心态，努力让自己在孕期学着做一位母亲。

怀孕的头三个月，张幼仪无疑是痛苦的。或许是体质的原因，她害喜相当严重，每天昏昏欲睡不说，还孕吐得厉害。到了怀孕第四个月的时候，这种情况才相对好一些。

此时的张幼仪，已经能感觉到胎动，肚子里的那个小生命，有时候甚至会十分调皮地踢她的肚皮。张幼仪觉得，此时的她在徐家终于不再是一个孤身闯入冒险世界的英雄，因为有另一个小生命在陪着她共赴这一场艰难的旅程。虽然这个小生命此时还什么都做不了。

张幼仪开始猜想肚子中的这个小生命到底是男孩还是女孩。希望是个男孩吧，那时的张幼仪如此期待。如果是男孩，孩子便会被徐家重视；如果是男孩，他不必如同自己一样有关于缠足还是放足的苦恼；如果是男孩，不必像自己一样早早嫁人，将一生之幸福系在另一个人身上。他可以出门、上学，见识广阔的世界，而不像自己，只能生活在被传统伦理道德所划定的那一方小小天地里。

但若不是男孩怎么办？张幼仪也曾仔细想过这个问题。若不是男孩，自己绝不会像江南的普通人家一样，在她出生之后，将她丢弃在田间地头或者婴儿塔里，任她自生自灭；自己不会让她成为别人的童养媳；自己不会将她的脚缠起来，让她痛苦；自己会让她去疯玩，去求学，去自由自在地享受这世间的一切美好和幸福。

在这样的思虑和希冀中，张幼仪的孕期快要结束了。

在她怀胎的最后几个星期，远在上海的母亲按照传统的习俗，前来硖石看她。自张幼仪结婚后，张幼仪的母亲便没有再来过硖石，看望怀孕的女儿，是她与女儿仅有的几次相聚的机会之一。

张幼仪的母亲来硖石的时候，带了一大捆婴儿的衣服。张幼仪对这些孩子的衣服十分好奇，直接将那捆衣服从床头抖过，想让衣服自行散开。她迫切地想要看一看自己孩子出生后所穿的衣服。

"你生的时候会痛很久。"张幼仪的母亲看到衣服没有成功抖开，开始担心。

母亲这句话，让张幼仪有些不明所以，怎么抖开衣服这件事，忽然就变成了自己生孩子的时候痛不痛的判定了。旋即，张幼仪意识到，这可能是某种习俗。

张幼仪对母亲说："你没绑好嘛。"

母亲并未继续与张幼仪讨论这个问题，只是吩咐徐家的佣人拿来了一大碗白米饭。张幼仪的母亲在这碗白米饭下，混杂放置了许多肉丸和水煮蛋，然后交给张幼仪一双象牙筷子，让她将筷子插入白米饭底部，看看筷子带起来的是肉丸还是水煮蛋。

张幼仪按照母亲的要求做了，结果筷子带上来的是一颗肉丸。

"哎，是个女孩，不是男孩。"张幼仪的母亲看到筷子上的肉丸的时候，多少有点失望。

张幼仪一直希望自己肚子中的小生命是个男孩，因此对母亲的判断有些不满意。张幼仪对母亲说，要是母亲给她的是一双普通的竹筷，而不是象牙筷，带起来的肯定是水煮蛋，而不是肉丸。

"你就是嘴硬。"张幼仪的母亲斥责道。

母亲的斥责，张幼仪不做辩解，但她却坚定地认为自己肚子里的小生命是个男孩。

# 【5】弄璋之喜，万千宠爱

过了不久，张幼仪终于迎来了产期。

分娩对于每个女性来说，都意味着巨大的痛苦，同时也如同一次涅槃。对于民国初年的女性来说，由于医疗水平有限，分娩不仅仅是痛苦，同时往往伴随着生命危险。

虽然徐家的经济条件非常好，徐家也为张幼仪分娩做了充分的准备，但是张幼仪在分娩时还是晕了过去。

等张幼仪再次醒来时，孩子已经出生了。徐家请来的产婆在房间里尖叫："是个男孩。"

徐家的人听到这句话，都进了产房，围着刚刚出生的孩子看。好奇、兴奋和喜悦充斥在每一个徐家人的心中，但是唯独没有人去看一眼刚刚在床上晕过去的张幼仪。甚至，张幼仪之所以从昏迷中醒过来，也只是因为产婆的尖叫声太过响亮。

因为没有人关注自己，张幼仪多少有些失落。但是这种情绪很快便过去了，张幼仪更多地将心思放在了儿子身上。看着大家围在一起庆祝孩子的降生，张幼仪颇为宽心。她希望这个孩子能顺利地长大成人，结婚生子，享受自己的生活。她甚至已经开始期待，等到自己年老之后，这个孩子能够善良孝顺，让自己有一个安稳的晚年。

在硖石这个不太大的地方，消息传递得很快。张家有了长孙的事情迅速传遍了整个硖石镇。添丁的徐家人送出去了一大堆红蛋，让镇上的百姓一起沾沾喜气。

徐家对这个长孙十分重视：用最上等的棉布，给他做了襁褓；派了专门的佣人和奶妈照顾他；甚至这个孩子的第一件玩具，都是用象牙雕刻的。那是一柄小如意，有"如君之意"的美好寓意。

徐家还给这个孩子打造了一把小小的"百家锁"。那把"百家锁"是用一百个徐家亲戚所赠送的赠礼打造的，锁身以铁铸成，锁链子是用的金子。徐家之所以打造这把百家锁，是希望用一百个亲人朋友的祝福，"锁住"这个孩子的生命，让他平安长大。

即便是做了这些，徐家人依旧觉得不够。张幼仪的公公和婆婆甚至曾经对家里人公开宣布，他们这个长孙，比世界上所有的财富加起来还要宝贝。

要知道，徐申如是个商人，追求的便是财富，但在张幼仪的孩子面前，世界上的一切财富，对徐申如夫妇来说，都黯然失色。

孩子出生不久，取名的事情成为徐家的又一件大事。中国历来很重视给孩子取名，甚至有"赐子千金，不如教子一艺；教子一艺，不如赐子一名"之说。

徐家长孙的名字，张幼仪和徐家人想了很久，最终，"积锴"这两个字成了所有人的共识。

"积"这个字，大多数时候被引申为"积累"，此外，它还有"进取"和"努力"等意思。

"锴"这个字在《康熙字典》中的释义为"良铁"。在大众心中，"良铁"所代表的不仅仅是一种金属，很多时候，因为它的坚硬特质，会引申出"坚强""刚毅"等意思，与此同时，这个字也代表正直、公平。

"积锴"这两个并不算复杂的字，寄托了徐家人对长孙最美好的期待。

除了"徐积锴"这个名字，徐家人还给孩子取了一个小名"阿欢"。之所以取名"阿欢"，是因为张幼仪生下的这个孩子实在太过可爱，几乎逗得家里的每个人都很愉快。

生下孩子的张幼仪，在徐家的精心调养之下，身子骨很快好了起来。

母亲总是天然地和自己的孩子亲近，在张幼仪的身体还虚弱的时候，她就已经开始在期待着自己照顾孩子了，在身体好了之后，这种欲望便更加强烈。

可是张幼仪很快发现，阿欢虽然是自己的孩子，可看起来却更像是整个徐家的孩子，因为徐家人只允许她偶尔照顾孩子。

每次当张幼仪抱起阿欢的时候，张幼仪的公公和婆婆就会纠正张幼仪的姿势；每次张幼仪给阿欢洗澡的时候，家里的佣人和保姆就会在一旁晃来晃去；甚至到了晚上，当阿欢被放进婴儿床睡觉的时候，都会有一个徐家安排的保姆睡在阿欢旁边的地板上。

虽然张幼仪知道，自己是个新手妈妈，在照顾孩子这件事情上没有太多经验，徐家安排得如此周密，是因为对阿欢太过重视，可作为一个想要和自己孩子亲近的母亲，张幼仪多少还是感觉到了一些不舒服。

只是张幼仪从未对公公和婆婆讲过这些，因为在还没嫁到徐家的时候，张幼仪的母亲就给张幼仪立了一条规矩。嫁到徐家之后，绝对不能说"不"，只能说"是"。

除了无法按照自己的心意照顾阿欢，这个时候，张幼仪还得知了另一条消息：徐志摩要前往美国克拉克大学学习银行学。

张幼仪对徐志摩去国外读书这件事并不感到意外，因为她知道，像徐志摩这样身负才华的人，必然不可能像坐井观天的青蛙，一辈子只待在一个地方。

对于徐家来说，阿欢的出生，意味着徐志摩已经完成了给徐家传宗接代的任务，只是让张幼仪觉得有些难以接受的是，孩子出生还没有多久，徐志摩就要出门远行。

徐志摩对这个他和张幼仪的孩子，并没有像对待张幼仪一样冷漠。和初为人父的所有男子一样，徐志摩对自己有了孩子这件事情十分得意，然而与所有初为人父的男子又有所不同的是，徐志摩竟然对这个孩子有些害怕。

徐志摩之所以害怕自己的儿子，大概是因为此时的徐志摩太过年轻，这个只有十八岁的父亲，实在不知道如何与自己的儿子相处。

无论如何，徐志摩还是走了，因为徐家二老早已同意了徐志摩的留学计划，而张幼仪也没有什么理由让徐志摩留下来。

张幼仪知道，虽然徐志摩人在自己眼前，可是他的心从来都没有在自己这里。

第六章

# 欧洲之行
# 独在异乡为异客

# 【1】百日之宴，西行计划

"人生天地之间，若白驹过隙，忽然而已。"时间流逝，转眼之间，距离阿欢出世已经百日。

按照习俗，孩子出生满百天后，一般要举行"过百日"仪式。"过百日"又称"过百岁"，古称"百晬"。百日这天，亲朋好友会祝福婴儿长命百岁，无病无灾。

阿欢过百日这天，徐家的亲朋好友不仅给阿欢带去了各种礼物，还专门给阿欢准备了红包和"百家衣"。按照习俗，本来，过百日的活动仅限于上述这些，但也许是对阿欢太过疼爱或赋予了太多的期望，徐申如竟然将婴儿周岁生日上的"抓周"活动，放到了"过百日"上举办。

那一天，在亲朋好友的见证下，徐家人将阿欢放在了桌上，并派了一个佣人，准备了一个盘子放在阿欢身前。盘中放了量身尺、小算盘、铜板和徐志摩的毛笔等物，徐家人和徐家的亲朋好友聚在阿欢身旁，一起看阿欢会抓起哪一样东西。

阿欢好奇地盯着身前的所有物件，先是盯着算盘发了一会儿呆，然后看了看盘子中裁缝用的量身尺，最后他的目光又转向了徐志摩的毛笔，看了一会儿后，也许是对徐志摩用的那根毛笔实在着迷，最终他将那根毛笔抓了起来。

徐家人看着阿欢抓起毛笔，顿时高兴起来。毛笔，意味着阿欢以后也将成为一个读书人。中国人历来有"万般皆下品，唯有读书高"之说，民国时期虽然时局动荡，但读书人依旧受社会和百姓敬重。围在阿欢身边的亲朋好友，都祝贺张幼仪和张幼仪的公公婆婆——徐家的孙子，将来也是读书人。

徐申如一把将阿欢举了起来，在空中荡来荡去。他高兴地喊："有一个读书人，我们家孙子将来要用铁笔喽！"

说完，徐申如又对徐家老太太说道："铁笔不改！"

"铁笔不改"这四个字，在民国时期大多用在政府文书、律令中。每当政府下发文件时，都会加上"铁笔不改"这四个字，以示文件的正式性和重要性。徐申如的"铁笔不改"，是希望自己的孙儿阿欢以后能做官，成为政府职员。

阿欢过百日后不久，张幼仪回了一次娘家探望父母。这次探亲，张幼仪见到了二哥张君劢。

1918 年 11 月 11 日，德国政府代表埃尔茨贝格尔与协约国联军总司令福煦在法国东北部的雷东德车站签署停战协定，德国宣布投降，第一次世界大战宣告结束。

第一次世界大战结束后，即将召开巴黎和会，中国作为战胜国，得到了出席这次会议的机会。巴黎和会之前，张君劢给当时的总统徐世昌致函，提出应对巴黎和会的具体建议。不久，以梁启超为首的非正式代表团，准备赴欧考察巴黎和会的行程，张君劢也应邀加入了此次行程。

张君劢对妹妹的到来有些意外，他问张幼仪道："你什么时候到西方与徐志摩团圆呀？"

听到二哥的话，张幼仪有些吃惊。到西方去和徐志摩团圆？张幼仪几乎从来没想过这件事。因为在张幼仪的心里，作为徐家的媳妇，她最大的责任，就是教养孩子，侍奉公婆。

张幼仪还没反应过来，张君劢又说："你对徐家的责任已经尽到了，你现在可以前往西方，和徐志摩在一起，与徐志摩一起求学。"

张幼仪知道二哥说的"对徐家的责任已经尽到"是指自己已经生

下阿欢，徐家已经有后这件事。只是和徐志摩一起求学，张幼仪从未奢望过。

从1915年嫁给徐志摩，张幼仪在徐家待了四年。在这四年里，张幼仪和徐志摩待在一起的时间，加起来都不到四个月。

张幼仪不是没有想过，自己可以和徐志摩聊聊天，就像她和哥哥弟弟们聊天那样；张幼仪也不是没有期待过，自己可以帮助徐志摩，助他得到成功与荣誉；甚至，张幼仪曾经一度幻想，有那么一天，在一个阳光正好的傍晚，她和徐志摩可以像一对正常夫妻那样，她为徐志摩准备饭菜，徐志摩则研究学问，畅游书海；又或者两个人可以不是在家里，而是在校园，张幼仪穿上女子西服，抱着书本，徐志摩戴着眼镜，面带微笑，二人一同走向教学楼，就像无数的民国校园情侣那样。

然而，这四年来，徐志摩对待张幼仪的态度，一直是默然，张幼仪曾经火热的心早已冰凉。

所以，当二哥提出她可以和徐志摩一起去求学时，张幼仪觉得，二哥说的这件事犹如梦境。

但张幼仪并没有打碎这个梦境，而是选择了相信。一方面，二哥是张家最优秀的人之一，张幼仪相信二哥的话；另一方面，求学一直是张幼仪的梦想。

只是，自己真的能像新式女子一样去西方求学吗？兴奋了片刻之后，张幼仪在心中问自己。徐家会让她去美国吗？自己的公婆会给自己付学费吗？徐志摩会欢迎自己吗？

张幼仪不敢确定，于是对哥哥说，只有等到徐志摩来信让自己去的时候，徐家才可能让她去。因为根据张幼仪对徐家二老的了解，他们也许会拒绝自己的请求，但是肯定不会拒绝徐志摩的请求。

"徐志摩会来信要你去的，他会希望你去了解西方。"哥哥的回答是如此肯定，以至于让张幼仪不得不相信，甚至产生了一丝憧憬，毕竟哥哥是徐志摩的挚友，他可能比自己更加了解徐志摩。

在得到哥哥肯定的回答后，张幼仪选择了回到徐家耐心等待。

徐志摩依旧像以前在北大读书的时候一样，偶尔往家里寄信，而徐申如也依旧和以前一样，每次拿到徐志摩的信件，都会在家中大声宣读。

徐志摩的每次来信，写的收信人都是父母的名字，从来没有一次写的是张幼仪。对此，张幼仪并没有多说什么，因为在那个年代，将信写给父母，是最符合孝道的做法。

与以前在北平的时候有些不同的是，在西方读书的徐志摩，终于开始在信的末尾问到张幼仪和儿子阿欢的状况了。张幼仪不知道徐志摩如此行事是因为关心阿欢，还是关心自己，又或者徐志摩这样做，只是单纯地为了在父母面前表现他和自己的感情尚可。

有一回，徐志摩写了一封信回家，要求张幼仪每天都跟着阿欢转，用笔记录下阿欢说的或者做的每件事。或许，身在国外的徐志摩，也十分想念在家中的儿子。还有一回，徐志摩希望徐家给他寄去阿欢写的字和画的画。

时间一天又一天，信件一封又一封，张幼仪始终在等待徐志摩要求自己出国的那封信。然而，张幼仪始终没等到那封信。

# 【2】时代洪流，画荻教子

时光如同一辆火车，在一路呼啸中渐行渐远。历史的刻度，也终于停在了 1919 年。

这一年的春天，张幼仪依旧没能等到徐志摩让自己去与他团圆的信件。

这一年的春天，中国虽然参加了巴黎和会，提出了两项提案——取消帝国主义在中国的特权；取消"二十一条"，收回德国在山东的权益。但这两项提案都被否决了，甚至巴黎和会决定把德国在山东的所有权益让于日本。

消息传回国内，举国激愤，学生罢课，工人罢工，商人罢市，五四运动由此爆发。一场一场的群众示威活动此起彼伏，一次一次的抗议浪潮接连不断。

新的时代，来临了。

五四运动爆发后，徐家关闭了位于上海的几家商铺，张幼仪的公公徐申如每天待在家里看报纸，关注五四运动的情况。不久，五四运动的风潮逐渐平息，学生和工人们赢得了斗争的胜利，中国代表团拒绝在《凡尔赛和约》上签字。

此时，张幼仪的二哥张君劢，也从欧洲回到了国内。

张君劢见到张幼仪，问她徐志摩有没有来信让她前去相聚。张幼仪回答没有，虽然她是如此想收到这封信。

张君劢听完，沉默了半晌，告诉妹妹，徐志摩这么长时间都未曾写信给她，肯定是徐志摩出了什么岔子。

二哥的话，让张幼仪心下一惊，也让许多往事浮现在了她的心头。

那是徐志摩和张幼仪结婚之后的第四年，有一天徐志摩忽然对张幼仪说，全中国都在经历一场变革，等到这场变革结束的时候，一切旧的习俗将被打破，新的美好也即将到来。到那时，每个人都不必被传统封建伦理束缚，每个人都可以获得自由。徐志摩在对张幼仪说这些话的时候，神情既焦躁又兴奋。当说到最后的时候，徐志摩忽然看向了张幼仪。他告诉她，自己要成为中国第一个离婚的男人。

那时的张幼仪在听到徐志摩这番话的时候，虽然有些吃惊，但是并未担心。因为在张幼仪的认知里，一位妻子被丈夫休弃，只会出现在妻子犯了"无子、淫佚、不事舅姑、口舌、盗窃、妒忌、恶疾"这"七出"的情况下，而这些，张幼仪从未犯过。

而且，那时的张幼仪相信徐志摩的人品。在那个时代，一个女子若是被夫家休弃，大抵只有三条路：出家，卖娼或者自尽。徐家在硖石是有头有脸的大家族，不会允许这样的事情发生；徐志摩有文化有修养，也不会干出这样的事情。

然而，经过二哥的警醒，此时的张幼仪产生了一丝犹疑，因为徐志摩当初和她说过的话，似乎在一步步得到验证。五四运动的爆发，说明中国的的确确在经历一场前所未有的变革，所有传统的一切，都在被推翻。徐志摩曾经说的要做中国第一个离婚的男人那句话，是不是也如他说的那场变革一样会实现？张幼仪的内心一阵担忧。

张幼仪很想去问一问公婆，自己能不能去西方与徐志摩团聚，但是张幼仪不敢。传统的教育，让她这个胆小怯懦的女子，无法直接向公婆提出这个近乎要求般的问题。

好在张君劢看出了张幼仪心中所想，张君劢告诉张幼仪，自己会去帮她问一问她的公公徐申如。此时的徐申如经常前往上海谈生意，张君劢有机会和他碰面。

就在张幼仪和二哥张君劢这次见面后不久，张君劢见到了徐申如，并且开门见山地对徐申如表达了自己的意思：如果徐志摩继续在国外读书，而张幼仪又继续留在硖石，他们二人的心将越来越远。

夫妻长期分居两地，这本来就是婚姻关系中最不稳定的因素，张君劢这句话，点明了张幼仪和徐志摩的核心问题，同时也说得非常委婉——即便他和张幼仪心中隐隐藏着一个疑问：徐志摩是不是在国外已经有新的女人了？

但徐申如听到这句话，并没有当回事，他只是回答，张幼仪不仅要和老太太做伴，还得照顾阿欢。

徐申如的回答，依旧保持着传统的观念，也指明了徐家的意见：他们不想让张幼仪去西方。

徐申如是从清末过来的人，传统的伦理道德依旧在他的心里保持着巨大的惯性和影响，他依旧信奉"女子无才便是德"，认为一个女孩读书太多，便会想得太多，便不好管束，尤其还是出国读书。

# 【3】夙愿得尝，漂洋过海

鲁迅在《无声的中国》里说："中国人的性情是总喜欢调和、折中的。譬如你说，这屋子太暗，须在这里开一个窗，大家一定不允许的。但如果你主张拆掉屋顶，他们就会来调和，愿意开窗了。"

对于张幼仪来说，她争取读书的历程，似乎颇合乎鲁迅先生的上述理论。

在去西方与徐志摩团圆、读书的要求被拒绝后，张幼仪又向徐家提出了自己想请个家庭教师的愿望。

张幼仪提出这个想法，并非心血来潮，而是经过深思熟虑的。彼时，徐申如的哥哥家，也还有几个没有出嫁的女儿想求学，自己如果提出和这几个女孩一起上学，徐申如十有八九会同意。

张幼仪的猜测没错。或许是因为上一次拒绝了张幼仪，徐家二老感到对她有所亏欠，又或者徐家二老觉得不去西方，只是在家里学习，局面可以掌握。最终，他们为张幼仪请了一个家庭教师。

家庭教师的到来，让张幼仪想上学的愿望得到了实现。时间仿佛回到了几年前的校园时光，张幼仪无比高兴。

在家庭教师的指导下，张幼仪努力汲取每一点知识。

跟随家庭教师的学习持续了一年左右，时间迈着零星碎步，走到了1920年。这一年的冬天，徐家忽然告诉张幼仪一个消息，他们准备让张幼仪出国，将她送到徐志摩身边。

张幼仪听到这个消息时，有些疑惑：明明之前二哥张君劢和徐家沟通这件事的时候，徐家拒绝了，怎么现在又忽然同意了？很快她便知道了徐家愿意将自己送到徐志摩身边的原因：徐志摩放弃了在美国哥伦比亚大学的博士学业，去了欧洲。

徐志摩为什么忽然放弃快要完成的学业去了欧洲？到底发生了什么事？这个问题，徐家人不知道，张幼仪也不知道，但是张幼仪心中已经隐隐有了一种她也不太愿意相信的猜测——徐志摩可能在外面有女人了。

不得不说，女人的第六感有时候准得惊人。就在徐家决定将张幼仪送到徐志摩身边的前几个月，在一场简单的集会上，徐志摩结识了自己此生的缪斯——林徽因。

那是在1920年的春天，时任段祺瑞内阁司法部长的林长民，以中国国际联盟同志会驻欧代表的身份前往伦敦，林长民的女儿，彼时十六岁的林徽因，亦随父游历欧洲。

林长民偶尔会在国际联盟协会演讲，喜欢交朋友的徐志摩，因此和林长民结识。林长民稳重，徐志摩热情，两人很快发展为莫逆之交。徐志摩偶尔会前往林长民家中拜访，林徽因也就此走入了徐志摩的世界。

徐志摩可能这辈子也忘不了他初见林徽因时的画面。当他进入林家后，一个明眸皓齿，风姿绰约，如明月、似秋水的姑娘向他迎面而来。那一刻，徐志摩便知道，自己可能喜欢上了这个姑娘。

徐志摩与林徽因的初见，自然是浪漫而动人的。只是这种浪漫动人，对远在中国，正在侍奉公婆的张幼仪来说，却如此残酷。

在徐家决定让张幼仪前往徐志摩身边的时候，张幼仪虽然有了一刹那愿望得偿的兴奋，但是转瞬之间，她心中浮现的却是阿欢怎么办，自己一个女人又该如何远渡重洋与徐志摩相见？

徐家早已安排好了一切，已经两岁的阿欢，被徐申如留在身边照顾；去往欧洲的船票，徐家也早已准备好。甚至，徐家还担心一路上不安全，特意安排了朋友与张幼仪做伴。

那位朋友叫刘崇杰，是中国当时驻西班牙和葡萄牙的特命全权公使，与他一起前往欧洲的，还有他的妻子和两个孩子。

前行的障碍就此扫清，张幼仪在冬日的寒风中踏上了前往欧洲的客船。伴随着嘹亮的汽笛，轮船逐渐驶向大海，张幼仪离自己从小生长的土地越来越远。

海途遥远，怒涛起伏。夜晚的时候，张幼仪一个人躺在船舱的床上，看着夜色下一望无际的大海，思绪杂乱。

张幼仪与徐志摩虽已结婚五年，可五年的时光，不仅没能让她了解徐志摩一丝一毫，更没能让她和徐志摩的感情增进一点一滴。每当徐志摩和她相处的时候，气氛总是沉默。两个人看似夫妻，实际上却疏离得如同陌生人。如今将要再见，她又该如何自处？

"应该还好吧。"张幼仪如此安慰自己。

毕竟徐志摩和自己是夫妻，两个人之间虽然没有什么感情，但终究同在一个屋檐下，还有个共同的孩子，徐志摩似乎对这个孩子也喜欢得很。而且，徐家请了家庭教师之后，自己一直在努力学习，徐志摩应该能看到自己的成长和进步。

客船在海上足足漂流了三周，当船进入马赛港的时候，张幼仪知道，她要与徐志摩见面了。

# 【4】终得相见，大失所望

马赛港位于法国东南沿海的利翁湾东北岸，它不仅是法国最大的商业港口，还是地中海地区最大的商业港口，每天从这里出海，或者从海上回到这里的船只不计其数。

当客船靠岸的时候，张幼仪和其他乘客一起到了甲板上。初入异国，一切都让张幼仪感到新奇。高高的、尖尖的屋顶，古老而典雅的建筑，街道上穿着靓丽的外国人。这一切，张幼仪之前从未见过。

船靠岸后，乘客都开始着急下船，与前来迎接他们的亲人朋友相聚、拥抱。张幼仪站在甲板上，也搜寻着徐志摩的身影。很快，她便在密集的人群中寻到了徐志摩。徐志摩穿了一件黑色毛大衣，围了一条白色的丝质围巾。

张幼仪的脸上浮现出一丝喜色，这么久以来，对见到徐志摩时自己应该如何表现的顾虑，在见到徐志摩的那一刻，仿佛全都如烟云一般消散了。张幼仪本想赶快下甲板去与徐志摩见面，但是很快，这种急切就消失了。

因为张幼仪在徐志摩的脸上，只看到了冷漠和拒绝。在所有来迎接亲人朋友的人中，徐志摩是唯一表现出他不愿站在这儿的人。张幼仪好不容易火热起来的心，又忽然安静了下来，就像在寒冬里好不容易点燃的火焰，被浇了一盆冰水。

是啊，她凭什么觉得徐志摩会欢迎自己的到来。在国内的时候，他曾用正眼瞧过自己吗？从出国留学到如今，他在国外待了整整三年，这三年来，他特意给自己写过一封信、发过一封电报吗？

张幼仪忽然觉得此时的自己像个小丑，自己在船上所担心的、所顾虑的，在此刻都变成了笑话。

也许是她太久没和徐志摩见面了，久到她忘却了徐志摩的冷漠，久到她以为自己努力学习之后，可以与徐志摩找到共同的话题，甚至久到让她误以为在历经了三年的时光之后，徐志摩会期待和自己的见面。

思绪起伏了片刻，张幼仪回归平静。如今的她，不再是 1915 年与徐志摩刚刚结婚时的那个少女了，她学会了隐藏自己的想法，学会了让自己看起来毫无弱点、无懈可击。

张幼仪提上行李，走下甲板，来到徐志摩面前，表现得非常平淡。徐志摩看到张幼仪，也一如既往的淡漠。两个人很快便离开了码头，前往火车站，因为徐志摩告诉张幼仪，他想去巴黎看看。

张幼仪对徐志摩的想法没有任何意见，只是点头同意。

在坐火车前往巴黎的时候，徐志摩稍微问了一下家里的情况，还有张幼仪在路上旅行的经历，张幼仪一一回答。

马赛距离巴黎并不远，坐火车很快便抵达。在巴黎下火车之后，徐志摩将张幼仪带到了一处商场，为她挑选衣服。

在商场里，徐志摩用张幼仪听不懂的语言和售货小姐交谈，张幼仪猜测，徐志摩和售货小姐说的可能是法语。

交谈中，售货小姐为张幼仪推荐了两件衣服，只是徐志摩不是特别满意。在看了几眼售货小姐推荐的衣服之后，徐志摩上下打量了一番张幼仪，然后向售货小姐表示了拒绝。

被徐志摩拒绝后，售货小姐又拿来几件衣服，徐志摩将衣服贴在张幼仪身上进行比对，看是否合适。

感受到徐志摩的手贴近自己的身体，张幼仪感到既熟悉又陌生。看到这个名义上是自己丈夫的男人为自己挑选衣服，张幼仪心里多少有些触动。

几番挑选、几番更换后，徐志摩为张幼仪挑选了一袭修长的洋装，一双丝袜和一双皮鞋。张幼仪穿着新衣服到镜子前看是否合身，同时又感触着丝袜和皮鞋的束缚，在国内一向穿着拘束的她不免感觉有些新奇，甚至她觉得她都快不认识自己了。

两个人还挑选了一顶适合这套衣服的帽子。张幼仪在到达巴黎的第一天，就变成了一个外表上洋气的小姐。

张幼仪不知道徐志摩为何会为自己挑选衣服，可是徐志摩接下来的行程，很快便让她知晓了答案。徐志摩将张幼仪带到了一家照相馆，让摄影师帮他们拍了几张相片，准备寄回国内。

张幼仪到此刻才知道，徐志摩之所以一反常态对自己如此热心，不过是要演一出戏，让徐家觉得她和徐志摩很恩爱罢了。

张幼仪和徐志摩在巴黎没有待多长时间。不久，徐志摩买了机票，二人前往伦敦，因为那时的他已经从美国哥伦比亚大学经济系转入了伦敦政治经济学院学习。

当时，飞机并没有被大规模应用于载客，而是多用于军事。专门用于载客的飞机，一年前才开始设计，乘坐的舒适感也非常差，而且张幼仪从来没坐过飞机，所以在飞行途中晕机非常厉害，甚至呕吐。

张幼仪呕吐的时候，徐志摩冷眼相对，嫌弃地把头撇过去，然后对张幼仪说："你真是个乡下土包子。"

面对徐志摩的指摘，张幼仪虽然心中有怨气，但没有反击。没想到，就在徐志摩嫌弃张幼仪后不一会儿，徐志摩也吐了。

张幼仪刚好抓到了机会，对徐志摩说："哦，你也是个乡下土包子了。"

张幼仪的反击，让徐志摩有点诧异，可却也无话可说。在这次简单的争吵之后，两个人之间再次陷入了沉默。

## 【5】琴瑟不调，形同陌路

飞机上的旅程没有持续太久。张幼仪和徐志摩在伦敦落地后，徐志摩的两个朋友前来迎接。因为当时从巴黎到伦敦的飞机航线开通不过一年，徐志摩的这两个朋友都非常好奇乘坐飞机的感受，于是便询问张幼仪和徐志摩。

张幼仪还没来得及回答，徐志摩便热切地与两个朋友交谈起来，而且全程用的英语。其实徐志摩的两个朋友都是中国人，徐志摩的举动，不免让张幼仪感觉被排挤在外。

张幼仪在徐志摩的朋友面前，非常照顾徐志摩的面子，没有提起任何与飞机上有关的事情或者插嘴打断徐志摩与他朋友的谈话。等到两个朋友离去之后，张幼仪才询问徐志摩，这两个人是否是他的朋友，没想到徐志摩竟然只丢给了张幼仪一个眼神，随后扭头便走。

飞机上的拌嘴和两个朋友迎接他们的小插曲很快过去，徐志摩和张幼仪回到了他们暂住的地方。那是一家俱乐部，里面住的大多是中国人，而且很多是到伦敦留学的。

这样的环境，让张幼仪感觉到舒适。在这里待了不久，张幼仪很快适应了新环境并且和这里的中国人都熟识了起来。左右邻居看到张幼仪的时候都十分惊讶，大抵他们从来没有听徐志摩说过他有妻子的事。

让张幼仪更惊讶的是徐志摩。本来，在张幼仪的理解中，徐志摩是个被西化、洋里洋气的人，但是没想到在这里，徐志摩却表现得非常传统。他不仅像其他的中国人一样，穿着中国衣服，吃着中国菜，甚至还有时候会小口小口地喝茶。

这家俱乐部里有一间休息室，每天，这里的中国人吃完饭后，都会去那里聊天。所聊的内容，大多是政府、政治或者诗词、文学。彼时的张幼仪还不懂这些，因此不怎么开口，只是认真听别人高谈阔论，以增长自己的见闻。

在休息室待的次数多了，有不少中国人注意到了她。大家开始打听她的身份和来历。当张幼仪告诉他们自己的二哥是张君劢、四哥是张嘉璈时，大家都很有兴趣，甚至还有人认识张幼仪的二哥和四哥。偶尔也会有人打听张幼仪和徐府的关系，当张幼仪说徐申如是自己的公公时，很多人也听闻过硖石徐家的情况，他们对硖石最基本的印象是富有。

在张幼仪的理解里，一个陌生人和另一个陌生人初次见面谈及金钱，是不会把握分寸感的，因此张幼仪与那些人没有过多交谈。

除了与俱乐部的中国人交流，张幼仪有时候也会跟随徐志摩去外面走一走。虽然不知道徐志摩是否愿意她跟着，但徐志摩却也没有勒令她不准跟着。有一回，徐志摩前往南安普敦访友，张幼仪也跟随他一起去。二人到达安南普敦之后，和徐志摩的那位好友一起乘坐公交在市区中穿行。

徐志摩和其朋友坐在车前面距离司机不远的地方，而张幼仪则被"丢"在靠近车尾的位置，远远地看着徐志摩和他的朋友。他们在车前热烈地讨论着什么，讨论到一半时，徐志摩忽然指了指身后的张幼仪，示意朋友别开口。徐志摩并不知道，从司机旁的后视镜中，张幼仪看清了徐志摩和他的朋友的动作。

作为夫妻，丈夫和朋友谈话的时候，有什么需要瞒着妻子的呢？张幼仪猜了许久，觉得他们谈论的，大概是徐志摩的女朋友。

张幼仪看着两个人躲避她的神情，只觉得一阵失望。早在前往欧洲的客轮上时，张幼仪便已经隐隐有了怀疑，但是当真相真正暴露在张幼仪面前的时候，张幼仪依旧感到难以接受。

张幼仪很擅长隐藏自己的情绪，虽然意识到徐志摩已经在外面有了女朋友，但她什么都没有说。

回到俱乐部，张幼仪依旧表现得如同往常一样，偶尔会到楼下的休息室里，听那里的中国留学生聊天。

只不过此时的张幼仪心中再次想起了自己前来欧洲的目的——求学。但是徐志摩好像一直对张幼仪视而不见，虽然张幼仪一直都在他跟前。

那段时间，徐志摩似乎显得特别忙碌，每天早上他都会穿上笔挺的衬衫，精致的毛料夹克，带上香烟急匆匆出门，到了晚上才回家。

张幼仪一开始并不知晓徐志摩为何会如此忙碌，过了很久以后，她才知道徐志摩打算前往康桥大学（剑桥大学）求学。徐志摩不仅要准备相关手续，还得租房子。

徐志摩的忙碌，更显张幼仪的悠闲，即便她不愿如此。张幼仪也想像徐志摩一样，让自己变得忙碌起来，可是身在异国他乡，人生地不熟，语言又不通，张幼仪只能每天待在家里等待徐志摩，就像一只在主人离家去上班时，落寞地等待主人尽快回来的小猫。

当然，徐志摩也不是一直如此忙碌，偶尔他会请朋友到家里做客。来的次数最多的，是他的好友狄更生。

狄更生是一名作家，当时在康桥大学皇家学院主讲政治学和国际关系，徐志摩与狄更生亦师亦友，狄更生更像是徐志摩在欧洲的"梁启超"，徐志摩入读康桥大学皇家学院，也是狄更生介绍和安排的。

狄更生每次来家里，都是徐志摩接待。狄更生聪敏风趣，徐志摩热情如火，每次聊天时，徐志摩都高兴得手舞足蹈，像个十足的好接近的朋友，可是每当夜幕降临，聊天结束，徐志摩将狄更生送走后，再见张幼仪时，神色又变得默然。

这样的日子，对张幼仪来说，无疑是难熬的。

第七章

# 同床异梦
# 直道相思了无益

# 【1】炉边灶台，南辕北辙

张幼仪难熬的日子没有持续多久。

1921 年，徐志摩在狄更生的介绍和推荐下，以特别生的资格，进入了康桥大学皇家学院研究政治经济学。为了读书方便，徐志摩搬到了距离康桥大学不远的沙士顿小镇，张幼仪也跟随徐志摩到了这里。

在沙士顿小镇，徐志摩租下了一座两室一厅的房子，房子周围的环境非常优美，四周都是青草地，屋子旁边有一条通往外界的沙石小路，附近还有一个池塘，池塘四周长满了野草和灌木。

房子附近还有两栋房子，那两栋房子，大概也是到剑桥留学的人租住的。

因为徐志摩大多数时候都在学校上课，所以待在沙士顿的张幼仪比以往稍微轻松了些。到沙士顿没多久，张幼仪感觉自己必须得学点东西，于是徐志摩为她请来了一位英文教师。

张幼仪没有任何英语基础，那位教师只能从最简单的字母表开始教起。虽然张幼仪知晓从头开始学习一门语言是件艰难的事情，但她从来都没有放弃，因为她知晓，唯有学习，才可能让自己进步。

可这段学习并没有持续太长时间，在张幼仪刚刚学会字母表后就中断了。因为徐志摩请来的那位老师，觉得到沙士顿的路途过于遥远，而那位老师辞职后，张幼仪也没好意思再让徐志摩帮自己请老师。

徐志摩到康桥读书后，颇为欢喜。每天早上，他会骑着自行车去上课，偶尔也会换乘公交，但大多数时候，徐志摩都不在家里吃早饭，也从来不会和张幼仪打招呼，告诉她自己出门干什么去了。

徐志摩离开家里后，张幼仪便操持家务，打扫卫生，购买食物，准备一日三餐。因为身在异国，交流不便，所以一开始张幼仪并不适应。但是很快，张幼仪便学会了如何坐公共汽车前往市场买菜，然后再独自一人将买的菜带回家。

沙士顿的市场，距离张幼仪和徐志摩租住的房子比较远，每次来回都让张幼仪感觉格外麻烦和疲惫。但张幼仪很快便发现了一种简便的购买食物的方式——有一辆专门卖菜的货车会经常停在徐家门前，发现这辆货车后，张幼仪买菜便轻松了许多，也很少再前往市场了。

偶尔，张幼仪会收到一些包裹，那是徐家寄来的。里面大多数时候是中国的土特产和烹饪配料。能够尝到家乡的食物和口味，让张幼仪多少感觉到一丝慰藉。

在学校上学的徐志摩，经常回家里吃午饭和晚饭，但是对张幼仪做的饭，却从来不予置评。好吃，徐志摩不会夸奖；不好吃，徐志摩也绝不批评，张幼仪在徐志摩面前仿佛空气，一个徐家专门从国内为徐志摩聘请的佣人，就像在张家或者徐家待了许多年的佣人那样。

这种情形，多少让张幼仪感到憋屈，张幼仪尝试着去和徐志摩说话，和他找一些共同的话题，可徐志摩却仿佛永远都看不起张幼仪，每次当张幼仪尝试提起什么话题的时候，徐志摩就会说"你懂什么？"或者"你能说什么？"这样的话。

张幼仪的尝试，在徐志摩的冷漠回应中，失败了。

除了和徐志摩的感情一如既往的糟糕，张幼仪发现在生活习惯上，自己和徐志摩也非常不搭。每天早上，徐志摩必然会到理发店理发，但是张幼仪却觉得在家里整理一下便好。张幼仪之所以提出这个意见，是因为那时她觉得她和徐志摩一直在等着徐家寄来的支票生活，一向生活节省的她，想留下一点钱，以备不时之需。

　　但是张幼仪的意见，徐志摩似乎没有听到，一直我行我素。此时的张幼仪并不知道，徐志摩每天去理发店，并不是因为徐志摩非常在意自己的形象，而是因为那个理发店的地址，是他和林徽因的通信地址，他得经常到那里去收发他和林徽因的信件。甚至，为了避免张幼仪发现这件事，徐志摩和林徽因的通信用的还是英文。

　　这件事，直到几年之后，张幼仪才知晓。告诉张幼仪这件事的人，名叫郭虞裳，是与徐志摩一起留学的同学。

　　张幼仪和郭虞裳的相识是一件非常突然的事情。一天，徐志摩不知道为什么突然将一个朋友带回了家，然后将他安排进了自己之前用来当书房的房间，让他直接住了下来。

　　女人对其他人住进自己家这件事是很敏感的。张幼仪立即询问徐志摩这个人的来历，可是徐志摩并没有告诉她。张幼仪也只能胡乱猜测，是不是徐志摩经济紧张，需要这位朋友一起分担房租，又或者，徐志摩只是单纯地觉得他这位朋友在沙士顿独居，而张幼仪会做饭，朋友到自己家里来生活上会方便些。

　　与不认识的人同住在一个屋檐下，显然是一件不太让人愉快的事情，但是郭虞裳的情商很高，他并不常常打搅张幼仪，而总是在房间里用功读书。

　　一段时间后，张幼仪和郭虞裳互相熟悉了，两个人才开始了互动。郭虞裳有时出门散步，会顺便陪着语言不通的张幼仪一起前往市场买菜，有时候也会帮张幼仪去货铺子取东西。

　　白天，徐志摩大多待在学校里，张幼仪则无事可做，而郭虞裳在读书的间隙，会偶尔和张幼仪聊聊天。虽然与徐志摩一样也是留学生，但是郭虞裳却并不像徐志摩那样对张幼仪充满嫌弃，与张幼仪聊天的时候，他更像是张幼仪的二哥和四哥，平易近人。

# 【2】浪漫随性，循规蹈矩

徐志摩是个自由浪漫且热情随性的人。

住在沙士顿的那段时间里，徐志摩大多时候待在学校里，闲暇时也会出去走一走，甚至偶尔会带上张幼仪。

徐志摩曾经带张幼仪去看过康桥的一场竞舟比赛。

竞舟又称赛艇，这项活动起源于康桥大学和牛津大学之争，且有着相当悠久的历史。十九世纪，康桥大学和牛津大学在英国都十分有名，两所顶尖学府一直在暗中较劲。1829 年初，牛津大学的一名学生与他在康桥大学学习的同学相遇，两个人在划艇时忽然萌生想法——两个人就读的两所学校之间可以进行一场划艇比赛，一较高低。

这个想法萌生之后，在这两个同学的积极推动下，两所学校随即开始了筹备工作。康桥大学赛艇队队长斯诺，于当年年初向牛津大学赛艇队队长斯坦尼福斯下了挑战书。挑战书下达后，立即在学校引起了轰动。

比赛那天，观赛者把赛场围得水泄不通。这场比赛中，牛津大学胜出，比赛的习俗也自此保留了下来：每年由上一年输了的一队向赢方发起下一年比赛的挑战，约定来年再赛。

徐志摩带张幼仪去看比赛的时候，张幼仪觉得很是新奇，自与徐志摩在异国他乡相聚后，她难得地感受到了生活的美好。

除了赛艇，徐志摩还带张幼仪去看过电影。那场电影是在白天，因为那时的康桥附近交通很差，晚上没有公共交通。

徐志摩带张幼仪出发的时候，本打算去看卓别林的电影，但是行走到一半时，徐志摩碰到了一个朋友。徐志摩的朋友告诉他，范伦铁诺的电影很好看。范伦铁诺是意大利裔美国演员，因为长相俊美，演技出色，被认为是默片时代最伟大的银幕情人。

徐志摩听朋友说完，竟然放弃走了一半的路程，向完全相反的方向走去，以至于张幼仪也不得不跟着调头。当电影开始放映、范伦铁诺出现在银幕上时，徐志摩和他的朋友以及电影院的观众，都集体鼓起掌来，而张幼仪则拘谨地将手放在膝盖上，默默地看着黑暗中周遭的一切。

那时的张幼仪，无法理解徐志摩，更无法理解徐志摩和他的朋友们为何会因为一部电影而鼓掌。张幼仪之所以如此，大抵是因为她的生活从一开始就是严谨而规矩的，而徐志摩，则如同他自己写的诗一样，像一阵不知道往哪个方向吹的风，像一块飘荡在天空的云，偶尔投影在别人的波心。

晚年的时候，随着学识的增长，张幼仪终于理解了徐志摩，同时也理解了这个诗人的浪漫。她说徐志摩快活而随和，像个艺术家和梦想家。不过那时，徐志摩已经离开了这个世界。

与徐志摩的散漫自由相比，张幼仪从来都是生活化的。她不像徐志摩那样充满神秘的气息，令人着迷；她真实、简单，有生活中的烦恼和快乐，有自己明显而确定的轨迹。

多年以后，张幼仪也曾羡慕过许多年前徐志摩的生活状态，她曾后悔过，自己在沙士顿的时候一直拘束在家里，未曾沿着沙士顿小镇的古桥漫步，未将目光投向那些精巧而古典的建筑，未曾坐在康河的岸边，看一看那河畔的金柳、软泥上的青苔，以及漂过河心的小船……

生活是艰苦的，起码对于那时生活在沙士顿的张幼仪是如此。

大约是在夏季，一个记不清具体日子的早晨。那天早上，张幼仪起床后，忽然感觉到一阵反胃和恶心，她立即意识到，自己又怀孕了。

张幼仪意识到自己怀孕后的第一反应，并非欣喜，而是慌乱。怀孕，而且还是在异国他乡。一瞬间，无数的问题从张幼仪心中冒了出来。自己需要回到硖石吗？自己能在这里养孩子吗？自己怀着孕，怎么做家务？怎么照顾徐志摩？

张幼仪很快镇定了下来。一是因为张幼仪已经有了阿欢，有过生孩子的经验；二是从中国传统中走出来的张幼仪觉得，徐家和徐志摩应该会欢迎这个孩子的到来。中国人一向讲究多子多福，而且徐家的财力不俗，即便自己身在国外，徐家也应该能解决这些问题。

镇定下来后，张幼仪决定将这个消息告诉徐志摩，毕竟他是徐家独子，也是这个孩子的父亲。而且他对这个地方远比自己熟悉，有他的帮助，怀孕和分娩的时候，自己应该会轻松许多。

张幼仪告诉徐志摩这个消息是在一个下午，家里只有她和徐志摩两个人的时候。张幼仪满心欢喜地期待着徐志摩的反应，希望能够从徐志摩的脸上看到一丝笑容。之前徐志摩独自一人在国外的时候，常常写信关注阿欢的情况，这让张幼仪觉得，徐志摩应该是喜欢孩子的。

可是张幼仪还是失望了。徐志摩在得知消息时，先是有刹那间的意外，随即冷冷地告诉张幼仪："把孩子打掉。"

张幼仪瞬间愣住了。她不敢相信，自己从徐志摩的口中听到的是这样的话。张幼仪看向徐志摩，发现他那双充满才气、与朋友交谈时坦荡而热情的双眼，此刻竟是如此冷漠无情。

他为什么会拒绝要这个孩子？张幼仪不知道。张幼仪只是对徐志摩说："我听说有人因为打胎死掉了。"

没想到徐志摩立马回了一句："还有人因为火车事故死掉呢，难道你看到人家不坐火车了吗？"说完这句话，徐志摩甚至看都不再看张幼仪。

张幼仪说的没有错，在那个年代，女性堕胎，大多采用的是手术方式，而非药物。用于流产的关键药物米非司酮直到二十世纪七十年代末才被研制出来，且二十多年后才得以应用。而以手术方式堕胎，因为当时抗生素没有得到广泛应用，所以相当一部分女性在手术时因感染一些致命病原体而死亡。

徐志摩根本不在乎她的生死，他宁可将她置于死亡风险中，也坚决不要这个孩子。

张幼仪再一次陷入了沉默，她感觉到了徐志摩的决心，在想了很久之后，终于，张幼仪再次服从了。

她不知道自己是用一种什么样的语气，才问出了徐志摩那句话："我要去哪里才能打胎？"

徐志摩并没有给她确切的回复，只是告诉她，这种事在西方是家常便饭。

徐志摩不想要这个孩子，张幼仪也选择了服从，可是徐志摩却连一点帮助都不肯给到张幼仪——他的妻子。

# 【3】萍水相逢，不速之客

在徐志摩告知张幼仪必须将孩子打掉后，张幼仪依旧照顾着徐志摩的饮食起居，但也在想着，徐志摩不想要这个孩子，自己该何去何从；如果必须打掉这个孩子，自己怎么做才能顺利、安全地打掉孩子。

在这样的思绪中，张幼仪忽然想到隔壁的邻居。隔壁的邻居是一对夫妻，姓胡，也在康桥读书，他们是经徐志摩的介绍搬来此处的。

徐志摩没有告诉张幼仪去哪儿打胎，张幼仪便想到了这对夫妻。这对夫妻同样对这里的风土人情比较熟悉，也许问他们，能够知晓答案。

　　一天，张幼仪在后院晾晒衣服的时候，看到了胡家的女主人，张幼仪向胡太太招了招手，胡太太也给予了张幼仪回应。随后，胡太太来到张幼仪家的阳台，和张幼仪攀谈起来。

　　胡太太显然已经注意张幼仪很长时间了，带着笑意说张幼仪似乎每天都很忙，并且就算今天张幼仪不和她打招呼，自己也会抽个时间前来拜访。

　　这本来应该是两家女主人的友好聚会，但此时的张幼仪，满脑子想的都是去哪里打胎的事情。在一阵踌躇之后，张幼仪还是向胡太太问出了这个问题。

　　胡太太听到张幼仪要打胎，有些吃惊，但是她很快调整好状态，随后装作漫不经心，像在聊一件非常日常的事一样告诉张幼仪，今年伦敦刚刚成立了第一家节育诊所，也许张幼仪可以去那儿打胎。

　　在那个年代，打胎这种事情是非常隐私的，张幼仪向胡太太询问这件事，其实已经放下了自己的所有矜持和大家闺秀的教养，而胡太太装作漫不经心的样子，也是在维护张幼仪的颜面。

　　但是仅仅询问出了打胎的具体地点，对张幼仪来说还不够，因为张幼仪实在想知道打胎安全与否。于是张幼仪又一次放下颜面，一边做出忙着晾衣服的样子，一边向胡太太提出了第二个问题："打胎安不安全？"

　　面对张幼仪的再次询问，胡太太有些不快，因为回答她第一个问题，已经是那个年代的中国女子所能接受的底线了。

　　胡太太以一种这件事已经没必要继续聊的姿态回答张幼仪："我不知道。"

　　但过了半晌，也许是因为不忍心张幼仪一个人在国外面对打胎这件事，也许是张幼仪平日里为家里忙碌的样子，让同为女性的胡太太对她产生了一丝怜悯，胡太太告诉张幼仪，在法国打胎比在英国安全。末了，她又补了一句，如果她是张幼仪，她会选择去法国打胎。

一番简短的交谈后，胡太太便离去了，留下张幼仪一个人孤零零地站在阳台上踌躇。

虽然已经从胡太太那里得知了打胎的地点，但是张幼仪并没有立即去打胎，因为是否留下这个孩子，对张幼仪来说依旧是一个艰难的决定。

张幼仪的这种状态持续了一段时间。让张幼仪感到奇怪的是，在提了一次要打掉孩子之后，徐志摩再没提起这个事情。也许是张幼仪无声的反抗有了一丝效果，也许是天性飘忽的徐志摩忘了这件事。

张幼仪不知道徐志摩真正的想法是什么，只希望徐志摩能够改变打掉孩子的想法。

从张幼仪怀孕到逐渐显怀的这段时间，硖石的徐家依旧像往常一样，按月寄来支票和一些瓜果蔬菜，所以张幼仪的生活还算平稳，除了在怀孕的同时做家务有点累。

这期间的一天，徐志摩忽然郑重地告诉张幼仪，最近他有个朋友会来拜访，他会将那位朋友先带到康桥转一转，然后带到家里吃晚饭。

出于女人的敏感，张幼仪立即意识到徐志摩即将带回来的这个朋友不简单。也许，这个朋友便是徐志摩之前一直瞒着她的女朋友。张幼仪猜想。

张幼仪只是强装地点了点头，就像即将迎接一个普通朋友一样，问徐志摩那位朋友到家里时，该何时开饭。

徐志摩只告诉张幼仪早一点，而后便又到距家不远的理发店去了。

虽然答应了为那位即将到来的朋友准备晚饭，但随后做家务时，张幼仪却一直神不守舍，她在想自己应该如何面对即将来到家中的那位女士，同时也很好奇，到底是什么样的女士，会让徐志摩神魂颠倒。

那位女士肯定长得很漂亮吧，而且也非常有文化，甚至非常懂徐志摩，不然徐志摩怎么会将她视为朋友，甚至将她带到家里吃饭？张幼仪感觉自己似乎已经要输了，她甚至有点害怕那位女士的到来，她担心那位女士比自己优秀太多，甚至取代自己在家里的地位。

但旋即，张幼仪平静了下来。她不停地告诉自己，自己才是徐志摩的夫人，才是徐家的女主人，那位女士无论是对自己的家庭或者对整个徐家来说，都是一个外人。

怀着这样的心理，张幼仪下定决心，等那位女士到了家里，自己一定镇定地面对，起码不能让那位女士看到自己的软肋和怯懦。

几天后，徐志摩带着那位女士来到了家中。初见那位女士，张幼仪的眼神有点闪躲。因为她是如此的新潮和美丽。

张幼仪从上向下扫了那位女士一眼：她的身上穿着毛料海军裙装，格外洋气时尚，就像走在街上的那些英国女人一样；她并没有留长发，而是将头发剪短，显得英气而干练；她的双眼乌黑闪亮，明媚动人，犹如夜空中的晚星；她小巧的嘴唇上涂着暗色的口红，如同成熟的樱桃；她穿了一条长袜，使腿显得极为修长、纤细。

面对这样一个女子，张幼仪感受到了极大的压力，因为与她相比，操劳于炉边灶台，不讲穿着的张幼仪，显得如此平凡。

张幼仪心中有些绝望，但还是选择继续向那位女士看过去——接下来，张幼仪看到了那位女士的一双小脚，瞬间有些错愕。

随即，张幼仪放松了下来，她甚至觉得有些滑稽：徐志摩喜欢的，便是这样一位缠过足的女士吗？

## 【4】小脚西服，雷霆之怒

打过照面后，张幼仪并未与那位女士多聊，而是去厨房准备晚饭。

因为提前已经有准备，所以张幼仪在厨房也没有忙活太久。

在张幼仪将晚饭拿出来后，徐志摩与那位女士开始一边吃饭一边聊天。借住在张幼仪家，时常独自待在房间用功的郭虞裳，也加入徐志摩和那位女士的交谈中。一向沉闷的客厅，此时竟显得有些喧闹。

在三个人的交谈中，张幼仪知晓了那位女士是在上海市郊长大的，她的父亲在外交部任职，且她提到了一些上海的人物和家族。她提到的人，有些张幼仪也听说过。张幼仪只是好奇，为什么那位女士的家人如此进步却给她缠了脚。

聊了一番彼此的家境后，话题转到了英国文学上。张幼仪从来没有学过这个，所以并未参与讨论。而且，以前张幼仪尝试与徐志摩交谈的时候，徐志摩总是不屑一顾，张幼仪不想自讨无趣。

三个人讨论的时候，坐在一旁的张幼仪忽然注意到徐志摩似乎在偷偷观察那位女士的脚。张幼仪见徐志摩对那位女士的脚如此有兴趣，不知怎么觉得有些焦躁。也许是不想在那位女士面前认输，张幼仪也将脚伸到了桌子底下，但是差点一脚踢到徐志摩。

在徐志摩观察那位女士的小脚的时候，张幼仪感觉有些愤愤不平。在张幼仪看来，徐志摩早在结婚的时候就说了，他想要一位进步的西式新娘。自己没有缠足，应该是一位西式新娘才对，但是徐志摩却说自己是"乡下土包子"。

如果自己是"乡下土包子"，这位被徐志摩邀请到家里来的女士又算什么？比自己还土的"乡下土包子"吗？但徐志摩，却偏偏就像喜欢那双小脚似的，一直盯着看。

徐志摩的这个举动，让张幼仪觉得徐志摩喜欢那位女士，与缠未缠过足无关，而是出于教育和学识的原因。但若是因为教育和学识，为何徐志摩不鼓励自己向学，为何不让自己继续进学，以促进自己不断进步？

徐志摩请来的那位女士并未在张幼仪家里多待，晚饭后，那位女士便告辞了，徐志摩前去相送，郭虞裳则回到了自己的房间，继续用功读书。

屋子里又成了空荡荡的状态，张幼仪一个人收拾了碗筷，在厨房洗碗。张幼仪边洗碗边忧虑起来：看样子徐志摩对今天来家里的那位女士颇为喜欢，自己以后的生活该怎么办？

张幼仪并不知道，徐志摩邀请的那位女士，并非她猜测的徐志摩的女朋友，而只是徐志摩的一个普通的朋友。直到很久以后，张幼仪才知道，自己当时的紧迫没有任何意义。

徐志摩回到家里时，张幼仪还没有洗完碗。以前的徐志摩向来是不怎么进厨房的，但是这天回到家里之后，徐志摩却难得地走进了厨房，并且围在张幼仪身边一直转，似乎有什么话想对张幼仪说。

也许是他没有想好怎么开口，也许是担心说了之后张幼仪不能接受，徐志摩一直没有说话。

直到张幼仪洗完碗，来到客厅，徐志摩才跟着出了厨房，问张幼仪她对今日来的那位女士的看法。

张幼仪有些惊讶，因为徐志摩以前向来都不关注张幼仪心中在想什么，如今倒主动问起自己了。

稍作思忖后，张幼仪还是给徐志摩一个答案："她看起来很好，可是小脚和西服很不搭。"

张幼仪的回答非常中肯。一般的女人，在误以为丈夫带回来的女人是外遇对象时，哪里还会给评价！以张幼仪当时的心境，能给出回答，已经算是非常有风度了。

然而，张幼仪这样一个不偏不倚的答案，却引起了徐志摩的暴怒。徐志摩似乎疯了一样对张幼仪怒吼："我就知道，所以我才想离婚！"

徐志摩的反应，超出张幼仪的预料。一直以来，徐志摩对张幼仪虽然不大理睬，可从未以这样的语气和她说过话。

张幼仪愣了片刻之后，才意识到刚刚徐志摩和自己说的是离婚。张幼仪只感觉脑子里一片混乱，想找个地方躲一躲。张幼仪不着方向地逃了，离开了屋子。

出了屋子，夜晚迎面而来的寒气，让张幼仪冷静了许多。此时，张幼仪才察觉到原来自己站在后院的阳台上。张幼仪迷茫地看向远方，但入目的只有无边的夜色，就像她自己的命运。

张幼仪回想这些年来，从见到徐志摩第一面之后的一切，只觉得心寒。侍奉公婆，照顾徐家内外，为徐家续香火，照料徐志摩起居……许多事情，也许她没有做得那么好，但却也拼尽了全力，为此，她甚至放弃了学业，放弃了自己的人生。

她从未想过，自己的一切付出，到头来得到的竟是徐志摩的两个字——离婚。

张幼仪跑出去后不久，徐志摩也从屋里追了出来，他跑到张幼仪身边说："我以为你要自杀！"

简单的一句话，若是换作另一个场景，张幼仪听到时，肯定会以为徐志摩是在关心自己，但在此时此刻，张幼仪却只觉得这句话无限嘲讽。他担心自己自杀，到底是因为担心不好给徐家和张家交代，还是因为害怕就此背负一条人命？

张幼仪回头望向徐志摩，徐志摩的脸在客厅微黄灯光的照耀下显得儒雅俊秀，但张幼仪却只觉得，自己与这张脸的主人，这么多年竟是如此荒唐……

# 【5】不辞而别，黯然神伤

张幼仪和徐志摩陷入了冷战。两人之前虽然也没什么感情，但起码日常还有一些简单的交流，但是自那天晚上的事情之后，两人之间连日常的交流都没有了。

家里似乎变成了两个人的战场，而饭桌则成了两个人的战斗前线。张幼仪不知道接下来会发生什么，只能小心翼翼地与徐志摩相处；而徐志摩似乎也比往日显得更加焦急和暴躁。

徐志摩几乎每天都会出门，很晚的时候才回家。张幼仪觉得此时的徐志摩，不可揣度，她完全不知道他心里在想什么。

这样的日子持续了约莫一周，有一天徐志摩出门之后便再没回来。

一开始，张幼仪还以为徐志摩出门是去办什么事，也许过不久就会回来。可是一天、两天、三天……随着时间一天天推移，家中始终未曾出现徐志摩的身影。

张幼仪不知道徐志摩去了何处，也无从打听。以前徐志摩即便是短暂出门，也会带上他的书籍，但是这一次，徐志摩不仅没带书，甚至衣服、洗漱用品、鞋子等全部留在了家里。

郭虞裳也许是感觉到了情况有些不对劲，也许是担心徐志摩不在家，自己再居住在此处会引人闲话，在一个早上，他带上自己的行李，与张幼仪简单告别之后，也离开了。

郭虞裳离开，张幼仪并未阻拦，甚至未曾询问缘由，因为她也知道，如果郭虞裳继续居住在自己家里，对自己的名声不太好。

但是郭虞裳离开后，这间屋子里便只剩张幼仪一个人了。

一个女人，身在异国，独自居住在空荡荡的房子里，腹中还有一个胎儿，张幼仪感觉到了一种孤立无援的恐慌。

孤独和寂寞像风也吹不散的浓雾，围绕在张幼仪身边，将她紧紧包裹。

与孤独和寂寞相比，张幼仪更害怕的是陌生人的出现。在那个年代，英国的治安并不好，张幼仪也听闻过入室抢劫的事情，徐志摩在家里的时候，张幼仪尚且安心，但如今，这些可能产生的未知的危险，张幼仪只能一个人独自面对。

张幼仪开始变得敏感、多疑、害怕，有一回门外忽然有些响动，张幼仪便立即躲在窗户后向外面看，生怕有陌生人闯进家里。

张幼仪开始想念在硖石的日子，虽然自己需要早起晚睡，需要侍奉公婆，但一切都还算安稳。甚至她没事的时候还可以偶尔出门，看看江南的水，江南的花，江南的树……

张幼仪想到过死，了结自己和孩子的性命，在某一个无人的早晨或者夜晚，一头撞死在阳台，或者投进家门前那口长满荒草的池塘。但踌躇了很久，张幼仪最终没有行动。并非那时的她没有绝望到产生求死之心，也并非她畏惧死亡，只是从小父亲便教她，"身体发肤，受之父母，不敢毁伤，孝之始也"。

死亡是一件很简单的事情，可是自己死后呢？父母怎么办？哥哥和妹妹们怎么办？还有那么小的阿欢，他那么小就没了母亲，以后又当如何？难不成交给徐志摩？徐志摩正在热烈地追求他那个女朋友，哪里会想到他！

张幼仪最终放弃了求死的想法，而是开始求生。她努力地让自己变得像个正常人，吃饭，做家务，睡觉……认认真真地过好每一天。

但就在这时，一个噩耗来临了。

一个名叫黄子美的男人，在一个早晨敲响了张幼仪家的门。起初，张幼仪被敲门声吓了一跳，她来到门前，并没有开门，只是询问那个男人的身份。

在那个男人告诉她，他是徐志摩的朋友，带了徐志摩的口信给她之后，她才开了门，将黄子美请到家中，还给他倒了一杯茶，然后坐在了他的对面。

张幼仪稍微有些紧张，因为这个男人说他带来了徐志摩的口信。徐志摩会和她说什么，是徐志摩要回来了吗，又或者是离婚？

黄子美坐在张幼仪对面，似乎在思考着徐志摩让自己带的话应该怎么说出口。在思忖了一会儿之后，黄子美向张幼仪转达了徐志摩的口信：你愿不愿意做徐家的儿媳妇，而不做徐志摩的太太？

张幼仪听到黄子美这句话，并未立即回答，虽然离婚这件事，经过死亡般绝望的张幼仪早有准备，但是她没想到，这两个字竟是一个陌生男人带来的消息，而且还是以这样一种不清不楚、不明不白的态度。

"这句话是什么意思？我不懂。"张幼仪坐在黄子美对面，开腔道。

"如果你愿意这么做，那一切就好办了。"黄子美接着说道，"徐志摩不要你了。"

张幼仪觉得既可笑又荒唐，张幼仪直接向黄子美问道："这话到底是什么意思，既然徐志摩要离婚，我怎么可能继续做徐家的儿媳？"

黄子美看着张幼仪，她有些慌张，也有些不安。他不知道如何回复张幼仪这句话，只是品了一口茶，让自己尽量看起来自然些，但是他的神态和眼睛，却已经透露出他不想在这里待了。

　　张幼仪又继续问道："徐志摩忙得没空来见我是不是，让你大老远跑来问我这种蠢问题？"

　　最终，在张幼仪一个接一个的问题下，黄子美慌张地离开了。

　　黄子美离开后，张幼仪立即关上了大门。

　　张幼仪知道，在自己与徐志摩这场不见面的战争里，她赢了，可是也输了。她赢了和徐志摩的交锋，却输掉了徐志摩，也输掉了自己的家庭，输掉了结婚几年来自己所有的付出。

第八章

# 一别两宽
# 碧叶飞落花独枝

# 【1】向阳而生，前往巴黎

面对不幸，通常有两种选择：沉溺于不幸之中，自暴自弃；抑或走出不幸，向着未来勇敢出发。

沉溺于不幸，固然可以暂时麻痹自己，但却也如跌入了万丈深渊，再也难以见到生活的阳光。真正的正确选择，是在认清不幸之后，勇敢地拥抱和热爱生活。

在知晓徐志摩不可能再回来之后，张幼仪不得不在痛苦和孤独中谋划自己下一步的路到底该怎么走。

张幼仪最先想到的是二哥张君劢。

张幼仪的二哥操持完张幼仪到欧洲与徐志摩相聚的事后，也到了欧洲，并开始了为期三年的游历欧洲之旅。当时，二哥刚好到了巴黎，并在巴黎大学上课。

张幼仪和徐志摩搬到沙士顿后不久，张君劢曾去看望过他们一次。那一次张君劢并没有久待，但是记下了徐志摩和张幼仪的地址，并在返回巴黎后常与他们通信。

张幼仪立即给二哥写了一封信，并在信中提到了她最近所遭遇的一切，包括徐志摩向自己提了离婚以及自己有三个月身孕的事。

写好信，张幼仪从梳妆台的抽屉中拿出了二哥给自己寄的信，并从信封上抄下了二哥的地址。此时的张幼仪，其实并不会英文，但是幸好她跟家庭教师学过字母表，虽然她写的英文有些歪歪扭扭，但总算能将二哥的地址写在要寄出去的信件上。

张幼仪又仔细检查了几遍信封上的地址，因为她知道，这封信几乎是自己走出生活泥淖的希望。张幼仪害怕这封信因为自己的一点失误，导致寄错或丢失。

检查好之后，张幼仪带着这封信件出门了，她要去一家杂货铺，把信寄出去。

张幼仪走了许久才走到那家杂货铺。进了杂货铺，因为张幼仪不懂英语，甚至不知道如何表达要寄信的想法，只能比画着让杂货铺的老板去理解，费了一番功夫，张幼仪终于将信寄了出去。

回家的路上，看着陌生的城市与身边匆匆而过的行人，张幼仪感觉自己是如此孤独。她就像一个连剑都未曾配好便闯入冒险世界，前去寻找白马王子的公主，一路上风霜雨雪，怪物猛兽都未曾使她退却，当她好不容易到达白马王子身边，却发现自己找到的人并非白马王子而是恶魔时，她终于绝望，甚至开始怀疑自己出发的意义。

回到家里时，天色已有些黑。张幼仪像往常一样，给自己做了一顿简单的晚饭，然后打开了家里所有的灯，独自吃饭。

这时，也许是想起了种种过往，也许是为自己的付出感到不值，张幼仪落下了眼泪。

人有时候就是这么怪，在遭遇生活中最艰难的时刻时，她会表现出未曾见过的坚强，但是等到危机解除，又会松下心里一直紧绷的弦，哭得像个孩子。

也许是老天也不再忍心折磨这个女子，也许是张幼仪的运气足够好，张幼仪的那封信最终顺利寄到了张君劢手上，并且张君劢给她回了一封信。张幼仪本以为二哥会在信中安慰自己一番，但令她深感意外的是，二哥在信中却给了她这样一句话：张家失徐志摩之痛，如丧考妣。

张幼仪看到这句话，只觉得内心一痛。虽然她知道二哥和徐志摩一向交好，且颇为欣赏徐志摩的才华，但是她却没有想到，二哥没先安慰自己，反倒将徐志摩看得和父母一样重要。

当然，张幼仪和张君劢终究是兄妹，张君劢还是为妹妹接下来的生活做了安排。张君劢告诉张幼仪，她和徐志摩的孩子一定要留下来，实在不行，自己可以收养。此外，张君劢还叮嘱张幼仪，让张幼仪放下沙士顿的一切，去巴黎找他。

张幼仪总算有了生活的方向。她收拾好东西，在一个带着露水的清晨，在最后看了一眼她和徐志摩曾经生活过的地方之后，张幼仪关上门，离开了沙士顿。

沙士顿到巴黎的路途遥远，两地之间的交通十分不便，得辗转多次，甚至还得横渡英吉利海峡。不通语言的张幼仪不知道自己是怎么到巴黎的，她只记得，自己一路走来，都在寻找"巴黎"那个名词的英文。车站、码头、路牌……每到一个地方，她都得照着自己手上那封信上的地址仔细地核对。

当张幼仪到达张君劢居住的公寓的时候，张君劢颇为吃惊和心疼。吃惊的是，他不敢相信，以前在张家十指不沾阳春水，看起来柔柔弱弱的妹妹，竟然能在异国他乡、语言不通的情况下，独自一人从沙士顿到巴黎；心疼的是，看见妹妹风尘仆仆的样子，张君劢猜想妹妹应该吃了许多苦。

张君劢立即安排张幼仪在他的公寓里住下。而后，张君劢又和张幼仪进行了一次谈心，他告诉张幼仪，自己可以收养张幼仪腹中的孩子。

张君劢这么说，无非是担心张幼仪偷偷将孩子打掉，但是张君劢并不知道，早在到巴黎的船上，张幼仪便已经想清楚了，自己一定要将这个孩子留下。打胎从一开始就是徐志摩的意思，如今徐志摩已经铁了心要离婚，自己也就不必受他束缚了。

而且此时，在张幼仪的心里，徐志摩是个毫无责任感的人。张幼仪觉得，徐志摩既然会将自己丢在沙士顿，未必不会遗弃自己腹中的孩子。

孩子的事情定下了，张幼仪也在巴黎安稳地住了下来，在经历一番奔波后，一切终于开始向着好的方向发展。

# 【2】辗转迁徙，乡村僻静

虽然搬到巴黎，并且安稳住下，但是怎么面对父母和远在硖石的公婆，成了张幼仪的难题——因为从如今徐志摩的表现来看，她和徐志摩离婚，几乎已成定局。

张幼仪觉得，按照传统的"七出"之说，大部分人，包括自己的公婆在内，肯定都会以为是自己犯了错，所以徐志摩才如此坚决地要和自己离婚。

惴惴不安的张幼仪，在思考了很久之后，选择了与二哥张君劢商量。张君劢是个新派人物，听到张幼仪的担心后，先是安抚了妹妹一番，然后耐心地给妹妹解释。现在的时代，早已不同于过去，即便是离婚，也不一定是因为"七出"，而且张君劢熟知现在的法律，他告诉妹妹，现在离婚，只要男女双方都同意就可以了，只不过如果男方小于三十岁，女方小于二十五岁，需要取得双方父母的同意。

张君劢的话，无疑给了张幼仪很大的安慰。可是张幼仪却又开始担心起生活用度来。自己在沙士顿的时候，虽然徐家每个月都会寄钱过来，但其实钱一直被徐志摩把控着，只是在需要买菜或者生活用品的时候，徐志摩才会给她一些。自己离开沙士顿时的钱，还是平时剩下的，除去从沙士顿到巴黎的花费，此时张幼仪的手头已经颇为拮据。

生活在二哥家，虽说二哥的经济实力不错，吃穿用度完全不用自己操心，但张幼仪不是一个喜欢麻烦别人的人，作为成年人和嫁出去的女儿，她更不好意思向二哥开口。

思来想去，张幼仪决定写信给徐家，告知徐家她现在的状况。

因为担心徐家二老接受不了自己和徐志摩即将离婚的事，张幼仪在信中并未告诉他们这件事。她只是告诉徐家二老，自己和徐志摩分居了，因为现在自己在法国和二哥一起求学，自己需要钱来付生活费和学费。此外，张幼仪还提到了自己已经有了身孕。

在寄出这封信几个星期后，张幼仪收到了一张从国内寄来的支票——二百美元。此外，徐家还告诉张幼仪，从这张支票开始，徐家以后每个月都会给张幼仪寄一张支票。

张幼仪终于不用担心以后的生活问题了。

怀孕的女性，大多需要照顾，张君劢将张幼仪接到自己这里，也是出于这种想法。但是等张幼仪真正在自己这里安定下来后，张君劢却感到头大，因为他根本没有照顾孕妇的经验。而且他白天需要上学，晚上又得忙于功课。

因为担心没办法照顾好妹妹，犹豫再三之后，张君劢决定找个女性来帮助张幼仪。

彼时，张君劢一位名叫刘文岛的朋友，也恰好在巴黎求学。跟随刘文岛一起在巴黎读书的，还有他的妻子。刘文岛夫妇和善而友好，刘太太更是博学而温柔，他们二人不仅认识张君劢，同时也认识徐志摩。怎么向这二人提出照顾张幼仪并让张幼仪在刘家借住，便需要一些技巧。

张君劢并未和刘文岛夫妇说起徐志摩打算和张幼仪离婚的事，只是告诉他们，徐志摩出去游学了，而张幼仪的身体不太舒服。

刘文岛夫妇听闻张君劢的请求和张幼仪的难处后，立即答应让张幼仪借住在他们家。

张幼仪又一次开始了自己的搬家历程，只不过这次有二哥和刘文岛夫妇施以援手。

刘文岛夫妇所居住的地方在乡下，张幼仪和张君劢收拾好东西后，先是坐了一个小时的火车，然后又足足走了半个小时才到。

刘文岛夫妇热情地接待了张幼仪和张君劢，夫妻俩非常和善地欢迎张幼仪的到来，同时也表达了他们夫妇对张君劢和徐志摩的仰慕。

他们说到张君劢的时候，张幼仪还觉得开心，可是提到徐志摩的时候，张幼仪却觉得非常不是滋味。在张幼仪看来，徐志摩几乎对每个朋友都很好，那些朋友也对徐志摩推崇备至，但是徐志摩唯独和自己相处时，显得那般冷酷无情。

旧友相见，总是有很多话聊，张君劢和刘文岛便是如此，而那个年代的女人，大多是不怎么喜欢参与男人之间的话题的。刘文岛的夫人看出了张幼仪的窘迫，于是主动提出带张幼仪四处转转，熟悉附近的环境。

刘文岛夫妇所居住的村庄非常僻静且环境优美，村里有一条土路和一些低矮的房屋，与张幼仪在沙士顿居住的地方的环境非常相似，所以张幼仪虽然初到此处，却没有任何的陌生感。

了解了外面的环境后，张夫人又开始带张幼仪逛他们居住的小屋。整个小屋虽然不大，但是却装饰得给人很舒心的感觉。这座小屋的墙上，贴的是浅蓝花色的墙纸，看起来自然又大气，而且有些地方铺了光亮的瓷砖，不似在沙士顿住的那座小屋般压抑。

刘太太安排张幼仪住在二楼的一个单间，与刘文岛夫妇的房间相对。房间里有个洗漱台和一些桌椅板凳，距离那些桌椅板凳不远的一面墙上开了个窗，以白色窗帘装饰，一推开窗便可看到马路和乡村景色。

刘太太还向张幼仪介绍了她和她丈夫的相关情况。

刘太太告诉张幼仪，因为自己平时都要和丈夫一起在学校学习，只有晚上会回来吃饭。刘太太的本意应该是想告诉张幼仪在这里可以放松些，但是张幼仪关注的却是刘太太可以和自己的丈夫一起求学。

刘太太颇为感叹，她告诉张幼仪，其实自己能出来和丈夫一起读书，也不容易。在为刘家生了一个儿子后，刘文岛的父母依旧不同意自己出国，最终还是刘文岛和她一起求着家里，刘文岛的父母才同意的。

听完刘太太的经历，张幼仪不禁感慨。一样艰难出国求学，刘太太比自己幸运太多，自己出国什么都没学到，反而要面临离婚，而刘太太不仅出国了，还成功进学。不仅如此，在出国留学这条路上，刘太太一直有她的丈夫协助，而自己孤军奋战不说，甚至还一直被徐志摩嫌弃着。

思及此，张幼仪只觉得难过。

刘太太和张幼仪简单聊了一番之后，建议张幼仪学法语，张幼仪非常感兴趣。之前在沙士顿学习英语中断了，张幼仪一直觉得遗憾，这一回，既有时间，生活上的事情又不用担心，倒是个学习的好时机。

两个人在楼上聊了一番后，便下楼去寻张君劢和刘文岛，四人一起吃了顿晚饭，随后，二哥张君劢便回巴黎了。张幼仪很不舍，目送二哥远去。

# 【3】立志自强，七弟来访

张幼仪渐渐熟悉了在刘家的生活，虽然刘文岛和刘太太白天去上学，让独居的张幼仪感到有些孤单，但也让她有更多的时间去思考一些事情。

张幼仪回想自己这些年度过的岁月，觉得以前的自己太过顺从了。在张家时，她的命运几乎由父母做主，好不容易取得了上学的机会，却又因为嫁人而中断；嫁到徐家后，她更是恪守做媳妇的一切规矩，不敢有一点逾越；至于出国后，张幼仪本来的意思是求学，但是为了徐志摩，她却成了一个忙于炉边灶台的家庭妇女，而且即便如此，徐志摩还向自己提出了离婚……

在徐志摩将自己抛弃在沙士顿之后，在张幼仪一路奔波来到巴黎之后，张幼仪终于意识到，任何人都是靠不住的，在这个急剧变化的时代，若是再去做一个旧式女子，只能被时代抛弃。

其实张幼仪想过，若是自己回徐家或者张家，日子一定会比现在的情况好很多，可是张幼仪知道，一旦回去，自己又会变成以前那个束缚在传统伦理道德下的张幼仪，那个自己不愿意去做的张幼仪。

居住在巴黎乡下的这段时间，张幼仪一边学习法语，一边也为自己的未来规划着。张幼仪觉得，如果在国外学到一些东西，回国之后，自己也许可以成为一名教师，以自己的能力来养活和教育孩子。

一天傍晚，张幼仪坐在房间里休息的时候，忽然听到楼下传来一阵马蹄声和马车经过的声音。张幼仪借住的刘家房子，位置十分偏僻，一般不会有马匹或者马车经过，因此张幼仪十分好奇。

张幼仪跑到窗口往外面看，却惊讶地看到七弟张景秋正从一辆马车里钻出来。

七弟怎么来了？张幼仪颇为好奇。

张幼仪并没有来得及思考太多，亲人到来，喜悦立即填满了张幼仪的内心，张幼仪站在窗口向楼下的七弟大声喊道："这里！"

张景秋听到熟悉的声音，立即向楼上看去，看到二姐张幼仪的身影，脸上泛起了笑容。

付了车钱之后，姐弟二人在房间里相见。

　　看到张幼仪的第一眼，张景秋几乎有些不敢相信，因为此时的张幼仪是如此憔悴，与他印象中那个端庄漂亮的二姐判若两人，泪水不自觉地从张景秋的眼眶里泛了出来。

　　张景秋性格柔弱，当年降生时，因为喜欢哭，张家人甚至还说过，是由于张幼仪出生时将母亲身上大部分的男子气概拿走了。对此，张幼仪自然是不信的，但是七弟爱哭的性格倒是真的。

　　张幼仪好奇七弟怎么会突然到巴黎，而且怎么知道自己的地址的。

　　张景秋告诉张幼仪，他是前去德国求学的。前一段时间，二哥张君劢从巴黎转到了德国耶拿大学求学，他给二哥打了一通电话，得知了张幼仪现在的状况，特意过来探望。张幼仪的地址，也是从二哥张君劢那里知道的。

　　看着一路风尘仆仆来到此地的七弟，张幼仪颇为感动。一个人身在异国，与孤独和寂寞为伴，张幼仪从未想过七弟会专程来看自己。

　　张景秋好奇地问起了徐志摩。虽然他已经从二哥那里得知了张幼仪和徐志摩的感情状况，可毕竟徐志摩还是自己的姐夫，而且张幼仪和徐志摩此时也并未离婚。

　　"徐志摩……"张幼仪听到这三个字，心中有些黯然，随即她打起精神，装作不在乎的样子告诉张景秋，"不知道啊，你有什么消息吗？"

　　听到姐姐的回答，张景秋一怔，似乎意识到自己不应该在这个时候和姐姐谈起徐志摩。旋即，张景秋告诉张幼仪，此时徐家人和张家人还不知道张幼仪和徐志摩之间的事情，在出国之前，张景秋特地去拜访过徐家二老，徐家二老没有任何察觉，还给了张景秋一包徐志摩最爱吃的蜜饯，让张景秋带给徐志摩。

　　看着张景秋带来的那包蜜饯，张幼仪只觉得心中异常苦涩。如今在张幼仪心中，徐志摩就像一块伤疤，不管谁有意或者无意地触碰一下，都会让她的痛深入骨髓。

姐弟二人聊了一番后，张幼仪安排张景秋在自己这里住了下来。

张景秋对怀孕的张幼仪非常关心，他会问张幼仪每天吃什么，对法国菜的看法，以及为什么脸色比以前差很多等问题。

面对七弟的这些问题，张幼仪虽然有些哭笑不得，却还是一一解答。

第二天一早，张幼仪给弟弟做了早点，张景秋因为还要赶着去德国上学，所以在与张幼仪道别后离开了。

独自待在法国乡下的张幼仪又陷入了孤独。也许是孤独击中了张幼仪，也许是怀孕时期孕妇的情绪不稳定，就在七弟离开后不久，正在洗碗的张幼仪忽然意识到一个问题，也许自己可以和七弟一起去德国。

随着肚子中的孩子越来越大，张幼仪觉得到了怀孕后期，自己可能真的需要人照顾，而七弟一向细腻，可以承担起这个责任，而且张幼仪曾经听刘太太讲过，德国的医院比法国的医院安全许多，在德国分娩，肯定远比在巴黎僻静的乡下好。

张幼仪最不缺的就是行动力，当她心中产生这个想法后，立即给七弟去了一个电话。彼时，张景秋虽然着急去德国上学，但是在离开张幼仪的住所后，并未立即去德国，而是先回了自己在巴黎预定好的旅馆。

张幼仪的电话打到旅馆的时候，从张幼仪家离开的张景秋，还在去旅馆的路上，所以电话是旅馆的前台接的，张幼仪让旅馆的前台告诉张景秋，让他在旅馆多待一阵子，自己会与他一同去德国。

随后，张幼仪将自己的随身物品收拾好，在家中等待着刘文岛夫妇回来。到了晚上，当刘文岛夫妇进入家门时，张幼仪先是向他们表示了谢意，感谢他们这段时间对自己的照顾，然后她提出了自己即将随弟弟去德国的决定。

刘文岛夫妇听到张幼仪的话，有些意外，但还是同意了。

在与刘文岛夫妇交代完之后，张幼仪带着自己的行李，离开了自己足足居住了四个月的地方。

## 【4】奔赴柏林，艰难产子

张幼仪和七弟张景秋一起来到德国后，在柏林暂时定居了下来。

此时，德国因为在第一次世界大战中失败，签订了《凡尔赛条约》，需要赔付大量战争赔款，所以德国的马克贬值很厉害。虽然张幼仪每个月从徐家拿到的钱只有两百美元，但足够她和七弟在柏林的生活开支。

白天，张景秋去上课，晚上回家后，张景秋总是亲自动手做家务和准备晚饭，避免让张幼仪劳累。张景秋心思细腻，张幼仪比在巴黎乡下时更加轻松。功课不忙的时候，张景秋也会和张幼仪聊聊天，陪张幼仪解闷。

时间一天天过去，张幼仪的预产期也越来越近。1922 年 2 月 24 日，一个平常的日子，张幼仪忽然感觉到一阵腹痛，随即便被送往医院。

进入医院后，七弟张景秋并没有来看望她。因为在那个年代，许多人都认为男人进产房不吉利，张景秋也是这样的想法。

人在无助的时候，内心的伤感总是会不自觉地放大。生产的时候，张幼仪躺在病床上，看着医院的天花板，突然有点想念自己在硖石的日子，起码那个时候生产，自己的母亲和徐家太太会陪伴在自己身边，帮自己照料阿欢。

在一阵阵的疼痛中产下孩子之后，医生对张幼仪说，张幼仪是她见过的最勇敢的孕妇。

医生的话多少给了张幼仪一点慰藉，但张幼仪并没有精力去回应医生的赞美，孩子降生之后，母亲的天性让张幼仪只想先看一看孩子，但当医生将孩子抱到张幼仪面前时，张幼仪又有点难过。

张幼仪一直想要的孩子，是模样像她的女孩，可是眼前的这个孩子，是男孩，而且和徐志摩长得几乎一模一样。

"难道从嫁给徐志摩的那一刻开始，自己以后的生命中便一直是徐志摩的影子吗？"看到这个孩子，与徐志摩相处的点点滴滴也浮上心头，一种深深的无力感充满了张幼仪的全身。

张幼仪在短暂的失落之后，很快便接受了这个结果。不管如何，这个幼小的生命，是张幼仪生命的延续，张幼仪下定决心，要像爱阿欢一样爱这个孩子。

孩子出生后，张幼仪又在医院住了一周左右。出院之前，张幼仪十分茫然。因为她不知道，自己该如何照顾这个幼小的生命。

虽然生下阿欢之后，张幼仪曾经照顾过阿欢，但那时是在徐家，阿欢大多数时候都由徐家安排的佣人照料。如今，张幼仪只能从头开始学习怎么照顾孩子。

要准备奶瓶吗？还有小床、小被子，孩子哭了又该怎么办？张幼仪只觉得自己似乎什么都没有准备好。终于，在离开医院的前一天，当医生过来巡房的时候，张幼仪向医生提出了一个在如今看来有些不可思议的请求。

"我可不可以将孩子放在医院一段时间？"张幼仪用法语问医生。之前在法国巴黎待的那段时间，张幼仪学会了一些法语，她能够用法语与人进行一些简单的交流。

听到张幼仪的话，医生有些意外，他以为张幼仪担心孩子的健康，于是告诉张幼仪，这个孩子很健康，没必要将孩子留在医院里。

医生的话让张幼仪分外窘迫，张幼仪只能拉下脸告诉医生，自己现在没法照顾这个孩子。并且，为了让医生放心，自己不是要将这个孩子遗弃在医院，张幼仪随后又补了一句："只将孩子留着这里一小段时间就好。"

医生虽然不知道张幼仪为什么一定要将这个孩子暂时放在医院，但医生十分温柔且善解人意，最终同意了张幼仪的请求。

得到医生的允许后，张幼仪在医院里给七弟张景秋打了个电话，让张景秋来医院接自己回家。

回到和张景秋一起居住的小公寓，张幼仪感觉比在医院的时候轻松了许多，熟悉的环境，远比陌生的医院让人舒心。生产之后的张幼仪，身体非常虚弱，回到家里后，她本打算好好休息，可没想到这时，她却在家里的桌子上看到了一封信件，写信的人是徐志摩。

徐志摩的信怎么会出现在柏林？徐志摩又怎么会知道自己现在居住的地址？张幼仪看向了最近一段时间一直在家里的七弟。

张景秋的目光有些闪躲，然后磕磕巴巴地说："是吴经熊送过来的。"

吴经熊是浙江宁波人，1916年就读沪江大学时，曾与徐志摩做过同窗，两人关系良好。将这封信送到张幼仪的住处时，他正在柏林读书。

当时在柏林留学的中国人并不多，而且大多相识，吴经熊十分聪慧，在柏林的中国留学生中非常知名，他与张景秋和张幼仪也相识。

张幼仪并没有马上打开信，而是问七弟要了吴经熊的电话，打了过去。

吴经熊知晓打电话的是张幼仪后，稍微有些紧张，他似乎在推脱一样说，这封信是徐志摩叫他拿过来的。

张幼仪立即向吴经熊问道："你的意思是，徐志摩在城里咯？他人呢，他是不是和你在一起？"

在提到徐志摩的时候，张幼仪的声音不自觉地提高了许多，吴经熊也不知道该如何回答，过了半晌，吴经熊似乎是想尽快与张幼仪结束对话，直接对张幼仪道："别管那么多了，只管读那封信吧。"

说完，吴经熊便挂了电话。

吴经熊挂断电话，更让张幼仪觉得自己的猜测是真的：徐志摩其实早已到了柏林，只是他不想与自己见面。

不愿与自己见面？张幼仪回想这将近一年的经历，将自己抛弃在沙士顿，独自一人离家出走的是徐志摩；自己怀胎十月，从英国到法国，从巴黎到柏林，从未来看过自己一眼的也是徐志摩；孩子出生，自己从入院到出院，从来没有陪伴过孩子的，也是徐志摩……如今徐志摩还不愿与自己见面，好像一切都是自己做错了。

张幼仪拿着徐志摩的信，只觉得讽刺又委屈。

就在这时，屋子外响起了张景秋的声音，张景秋在门外大声地告诉张幼仪，自己要去学习了，等到晚上才会回来。

张景秋为什么离开，张幼仪自然是知道的。

在医院住院的这段时间，徐志摩的信送到了自己的住处，张景秋应该知道其中发生了什么事，只是张景秋从来都没告诉过自己。也许是因为张景秋担心自己的身体，也许是张景秋不想掺和自己和徐志摩的事情。毕竟，张家人是如此喜欢徐志摩。

不过，无论什么原因，张幼仪都不关心了。在此时的张幼仪看来，自己和徐志摩之间的事情，与任何人都无关，自己的未来，应该由自己把握。

在巴黎乡下的那段时间，张幼仪已经完成了思想上的成长和涅槃。

## 【5】一别两宽，分钗破镜

张景秋走后，张幼仪开始看徐志摩的那封信，薄薄的信纸上，徐志摩以钢笔写就的字迹飘逸潇洒，但在字里行间，张幼仪看见了徐志摩的决绝和担忧。决绝是徐志摩已经下定决心和她离婚了，担忧则是徐志摩不知道张幼仪会不会同意离婚。

在徐志摩的眼中，张幼仪一直是那个顺从而规矩的传统女性，不值得徐志摩为之投入哪怕片刻的心思。

信件的内容，简单却也意图清晰，徐志摩以一种颇似导师的口吻，告诉张幼仪无爱婚姻不可取，甚至一度将离婚这件事拔高到了社会意义的境地。

徐志摩在信中如是写道：

> 故转夜为日，转地狱为天堂，直指顾间事矣。……真生命必自奋斗自求得来，真幸福亦必自奋斗自求得来，真恋爱亦必自奋斗自求得来！彼此前途无限……，彼此有改良社会之心，彼此有造福人类之心，其先自作榜样，勇决智断，彼此尊重人格，自由离婚，止绝苦痛，始兆幸福，皆在此矣。

作为一个为婚姻付出了将近七年的女人，张幼仪不理解什么叫作"改良社会之心"，什么叫作"造福人类之心"，什么叫作"自作榜样"，她只知道徐志摩要和自己离婚，只记得徐志摩在这七年岁月中对自己的冷漠与无视，只想起在硖石的某一天晚上，徐志摩走进卧房之中，对自己说他要成为中国第一个离婚的男人。

张幼仪拿起电话，再次打给吴经熊。本来，她是想质问吴经熊徐志摩是否在他那儿，想与徐志摩通电话，但是在电话接通后她冷静了下来，她只是告诉吴经熊，想见徐志摩一面。

虽然心中早就预料到徐志摩会同自己离婚，但张幼仪绝不会允许离婚就这么草草收场。毕竟，当年她可是风光大嫁。

晚上，张景秋回到了家中，张幼仪和张景秋吃了一顿简单的晚饭。也许是张景秋意识到了自己有些对不起姐姐，也许是张景秋觉得张幼仪和徐志摩离婚这件事让姐姐有些难堪，这顿饭显得格外沉默。

第二天一早，张幼仪雇了一辆马车，前往吴经熊家。吴经熊和几个朋友合住在一个离市区很远的房子里，所以马车过去颇需时间。

一路上，张幼仪都在告诫自己，此次与徐志摩的见面，自己一定要坚强起来，绝对不可以哭，更不可以在徐志摩面前表现出丝毫的软弱，她要让徐志摩看一看，离开他之后，自己过得很好，甚至比和他在一起时更好。

车马终于到了吴经熊的住所，张幼仪还没下车，便看到了站在门口前来迎接的吴经熊。吴经熊见到张幼仪，显得有些尴尬和局促。

简单打过招呼之后，吴经熊领着张幼仪到了房间内，张幼仪简单地四处打量了一下，屋子还算干净，客厅内除了几张桌椅沙发，还有放着摊开书本的阅读架，可以猜想，吴经熊时常和朋友们一起在这里读书。

接着，张幼仪便见到了徐志摩，他站在客厅里，看起来比以前在沙士顿的时候高了一些，也壮了一些，与他在一起的，还有他的几个朋友。徐志摩脸上既有离婚的决心，也有离婚的惧意，他的几个朋友，则像是要保护他的样子。

张幼仪见到这个场景，只觉得颇为好笑——自己一个孤身赴约的女人，竟然会让徐志摩和他的朋友们如临大敌。大抵，在那个时候挑战传统的婚姻道德，对他们来说也不是一件简单的事情。

"如果你要离婚，那很容易。"张幼仪开口，语气沉稳且有力。

"我已经告诉我父母了，他们同意这件事。"徐志摩看了一眼张幼仪，像是鼓起勇气一样，对张幼仪说道。

徐家二老已经同意了这件事？张幼仪虽然有些意外，但是并未表现出来。离婚这件事，张幼仪心中早已有了准备，只是她实在不知道，徐志摩究竟是如何说服自己的父母的，大概徐申如只有徐志摩这一个儿子，徐申如即便是不同意，但是徐志摩非要如此，徐申如也不得不答应他吧。

张幼仪继续说道："你有父母，我也有父母，你父母同意离婚，我也得等我父母批准这件事。"

张幼仪的话并没有任何问题，因为她早就听二哥张君劢说过，如果男方小于三十岁，女方小于二十五岁，离婚需要取得双方父母的同意，而此时的张幼仪只有二十二岁，远不到二十五岁的年纪。

而且基于平等原则，自己在离婚这件事上取得父母同意，也是理所应当的。

当张幼仪的要求说出之后，徐志摩立即开始急躁起来，他道："不行，我没有时间等了，你一定要现在签字，林徽因……"

说到"林徽因"这三个字的时候，徐志摩停顿了一下，似乎意识到了不妥。而张幼仪也第一次知道了徐志摩要和自己离婚的原因，绝非是因为什么要做出革命性的举措，只是因为他那个叫"林徽因"的"女朋友"而已。

半晌，徐志摩似乎又下定决心似的，他继续说道："林徽因马上要回国了，我现在非离婚不可。"

张幼仪听到徐志摩这句话后，沉默了一下。她将目光转向了徐志摩的手上，徐志摩的手中拿着一叠文件，显然是早已准备好的离婚协议书。此时，徐志摩也察觉到了张幼仪的目光，他有些紧张，担心张幼仪不会同意现在就签协议。

但张幼仪却出乎他意料地点了点头，张幼仪沉声道："如果你觉得离婚这件事做得对，我就签字。"

在张幼仪看来，既然离婚已经注定，早离婚和晚离婚并没有什么区别。

只是让张幼仪感觉有些难过的是，自己从小接受的教育是尊重父母，如今离婚这件事，她连知会都未曾知会父母，多少显得有些不孝。

徐志摩听到张幼仪的话，高兴得差点跳起来，他的脸上立即布满笑容，然后赶紧将自己手中的离婚协议书塞给张幼仪，他颇为激动地对张幼仪说道："太好了，太好了！你晓得，我们一定要这么做，中国一定要摆脱旧习气。"

张幼仪并未理会徐志摩，自从听闻"林徽因"这个名字之后，她便认定，徐志摩如此坚定地要与自己离婚，也许一部分是因为他想革新中国的传统习惯，但其中有一部分，一定是因为自己从未见过面的徐志摩的那个"女朋友"。

张幼仪不知道的是，自己虽然认定林徽因是徐志摩的女朋友，可是林徽因本人，却从未承认过此事。若是张幼仪知道了，只怕她会认为比徐志摩与自己的离婚更荒唐。

在拿到徐志摩递过来的离婚协议书后，张幼仪将其摊开在了桌上。

这份离婚协议书以中文写就，上面除了一些条款，四个证明人签名栏，还有张幼仪和徐志摩的签名栏。此时，离婚协议书上，徐志摩和证明人签名栏都已签好了名字，只差张幼仪的签字了。

看来，徐志摩的这份离婚协议书早已准备多时。

张幼仪拿过笔，在离婚协议书上签了字，然后搁笔道："好了。"

说罢，张幼仪看向徐志摩，说道："你去给自己找个更好的太太吧。"

徐志摩并未理会张幼仪这番话，只是看了看离婚协议书上张幼仪的名字，高兴得像只被关了数年终于获得自由的鸟儿，他的几个朋友，也连忙与徐志摩握手，向他祝贺。

张幼仪看着眼前的一幕，只觉得自己像个局外人，她与他们格格不入。

半晌，徐志摩似乎想起了什么事似的，竟然对张幼仪道了一声谢。也许徐志摩的这声谢意是真心实意的，但是此刻的张幼仪却觉得格外刺耳，如同嘲讽。

末了，徐志摩对张幼仪说道："你张幼仪不想离婚，可是不得不离，因为我们一定要做给别人看，非开离婚的先例不可。"

徐志摩的话，张幼仪根本没有心思听，也没有心思去反驳。她只是点了点头，表示自己听到了徐志摩的话。

离婚协议书已经签完，张幼仪也不想在吴经熊家里多待，她打算告别。没想到这时徐志摩却提出，想与张幼仪一起去医院探望他们的孩子。虽然张幼仪此时并不想与徐志摩待在一起，但是徐志摩无论如何都是孩子的父亲，张幼仪没有理由拒绝徐志摩。

两人到了医院，徐志摩责怪张幼仪将孩子留在医院，张幼仪也不做辩解，因为在张幼仪看来，这个孩子与徐志摩没有哪怕一点关系，因为张幼仪永远记得自己得知怀上这个孩子的那天，徐志摩是那样强烈地要求张幼仪将这个孩子打掉。

站在育婴房的窗口，徐志摩终于看到了自己的第二个孩子，他如同对书着迷一样，看着育婴房里的那个小小婴儿，脸上充满爱意，赞叹这个孩子是如此可爱，但是徐志摩可能没想过，张幼仪是在怎样孤独和艰苦的情况下产下这个孩子的。

就在徐志摩和张幼仪站在育婴房的门口时，一个曾看护过张幼仪的护士正好路过，看见徐志摩和张幼仪并排站在一起，护士可能以为徐志摩和张幼仪的感情不错，给了张幼仪一个善意的微笑。但是这微笑却让张幼仪觉得心痛，因为别的父母来看望孩子都是高高兴兴地带着孩子离开，而自己的孩子，在他还不懂事的年纪，面对的却是破碎的家庭。

第九章

## 无服之殇
## 人生几回伤往事

# 【1】昭告天下，倾盖如故

张幼仪和徐志摩离婚后，二人各奔东西。徐志摩选择了回到国内，去追逐属于他的自由爱情，而张幼仪则留在了柏林。

张幼仪并非没有想过回到国内，回到硖石，但是她有太多顾虑。

其一，自己是未经过父母同意便离婚的，这个时候回家，该怎么面对父母？而且在还没离婚的时候，自己写过信告诉父母，自己之前之所以和徐志摩分居，是因为自己和徐志摩求学的方向不同，但是现在突然离婚了，该怎么向父母解释离婚的事情？

其二，就算自己现在带着孩子回国，自己和孩子的未来怎么办？回国之后将孩子交给徐家还是自己一个人带着孩子过日子？就算自己不把孩子交给徐家，自己能马上找到工作养孩子吗？

其三，自己和徐志摩的离婚，极有可能在国内引起轩然大波，毕竟这是国内第一起离婚案，如果现在就回国，国内那些好事之人极有可能会大肆议论自己，这也是张幼仪不想看到的。

综合考虑之后，张幼仪留在了德国，打算先避避风头，等事情缓和后再回国。

张幼仪的考虑并没有错，直到几年后张幼仪回国时，在一列火车上，她依旧听到过有人在议论自己和徐志摩离婚的事情，甚至有人将离婚的过错归结于她长得丑和思想落伍。

留在德国后，张幼仪开始了在德国独自育儿的生活。没有带孩子经验的张幼仪，一开始的生活简直一团糟。孩子哭了，孩子饿了，给孩子换尿片，等等，一切都让张幼仪头大。

就在张幼仪极力应付生活时，回到国内的徐志摩迅速在《新浙江报》副刊《新朋友》上发表了两篇文章，一篇是《徐志摩、张幼仪离婚通告》：

目前情况，离婚的结果，还不见男的方面亏缺。男子再娶绝对不成问题；女子再嫁的机会，即使有总不平等。固然，我们同时应该打破男必娶女必嫁的谬见，但不平等的现象依然存在。这女子不解放，也是男子未尽解放的证据。我们希望大家努力从理性方面进行，扫除陋习迷信，实现男女平权的理想……

我们已经自动，挣脱了黑暗的地狱，已经解散烦恼的绳结，已经恢复了自由和独立人格，现在含笑来报告你们这可喜的消息，请你们参与我们的欢畅。慈爱、同情永远是人道的经纬。理性是南针。我们想果然当事人能像我们一样，欢欢喜喜的同时解除婚约，有理性的父母绝不会不赞成，除非真是父母不爱儿女……

因为年岁长久的原因，这份离婚通告如今只剩下一半，但依旧可以窥见徐志摩在发表这份离婚通告时，是怎样的兴奋与欢悦。也许在徐志摩心中，他与张幼仪的这段婚姻已经束缚他多年，如今离婚，既是解脱，也是重获自由。

在离婚通告里，徐志摩不仅宣告了他与张幼仪的离婚，他还告诉大家，离婚没有任何问题，甚至宣扬大家再娶、再嫁。他以一种近乎革命者的姿态，宣告了他与传统封建婚姻的决裂，他将自己视作急先锋，号召大家像他一样，应该勇于离婚，与传统封建伦理道德做斗争，实现男女平权。

离婚通告发表后，立即引起了轩然大波。因为徐志摩和张幼仪的离婚，是中国历史上第一次现代意义上的离婚。在那个年代，大多人秉持的还是结婚就是一辈子的理念，很少有人能接受"离婚"二字。

虽然许多进步人士认为徐志摩做得没有错，但也有一些保守人士觉得徐志摩抛妻弃子不可取。就连徐志摩敬重的恩师梁启超，也是如此。徐志摩的父亲在看到这份离婚通告后，更是怒斥徐志摩"你的大作我真是佩服得五体投地！"

但是徐志摩却执着地坚定自己的选择，他甚至还给恩师梁启超去了一封信，告诉梁启超自己的决心：

我之甘冒世之不韪，竭全力以斗者，非特求免凶惨之苦痛，实求良心之安顿，求人格之确立，求灵魂之救度耳。人谁不求庸德？人谁不安现成？人谁不怕艰险？然且有突围而出者，夫岂得已而然哉？

我将于茫茫人海中访我唯一灵魂之伴侣；得之，我幸；不得，我命，如此而已。

嗟夫吾师！我尝奋我灵魂之精髓，以凝成一理想之明珠，涵之以热满之心血，朗照我深奥之灵府。而庸俗忌之嫉之，辄欲麻木其灵魂，捣碎其理想，杀灭其希望，污毁其纯洁！我之不流入堕落，流入庸懦，流入卑污，其几亦微矣！

也许，在徐志摩的心中，他是真的觉得自己在为推动社会改革尽最大的努力吧。

以当今的视角来看，徐志摩的行动的确推动了社会进步，使得婚姻自由和恋爱自由进一步深入人心，只是这种推动，是以一个名叫张幼仪的女子多年的付出和守望为代价。

除了这份离婚通告，徐志摩还发表了一首名为《笑解烦恼结——送幼仪》的诗：

一

这烦恼结，是谁家扭得水尖儿难透？

这千缕万缕烦恼结是谁家忍心机织？

这结里多少泪痕血迹，应化沉碧！

忠孝节义——咳，忠孝节义谢你维系

四千年史骸不绝，

却不过把人道灵魂磨成粉屑，

黄海不潮，昆仑叹息，

四万万生灵，心死神灭，中原鬼泣！

咳，忠孝节义！

二

东方晓，到底明复出，

如今这盘糊涂账，

如何清结？

三

莫焦急，万事在人为，只消耐心

共解烦恼结。

虽严密，是结，总有丝缕可觅，

莫怨手指儿酸、眼珠儿倦，

可不是抬头已见，快努力！

四

如何！毕竟解散，烦恼难结，烦恼苦结。

来，如今放开容颜喜笑，握手相劳；

此去清风白日，自由道风景好。

听身后一片声欢，争道解散了结儿，

消除了烦恼！

　　在诗里，徐志摩以一种"开解者"的身份告诉张幼仪摆脱封建婚姻后的自由，但是他丝毫没有考虑过，张幼仪是否也同他的想法一样。

　　热烈而自由的徐志摩从来没有考虑过张幼仪，就像在他欢天喜地发表《徐志摩、张幼仪离婚通告》和这首《笑解烦恼结——送幼仪》诗作的时候一样，他不曾想到，就在他庆祝离婚时，他的前妻张幼仪带着他的亲生骨肉，所过的生活究竟是怎样的艰难。

　　在历经了一段艰难的岁月后，张幼仪终于学会了照顾自己和孩子，也终于学会了如何当一个妈妈。她开始习惯给孩子换尿片，给孩子喂奶，将哇哇大哭的孩子哄好，让他的脸上露出可爱的笑容。

　　在照顾孩子的同时，张幼仪还结识了一个朋友——朵拉。

　　朵拉来自维也纳，1913 年，张幼仪的二哥张君劢到德国留学时与其相识，后来二人成为朋友。张幼仪是通过二哥与朵拉结识的。

　　朵拉四十来岁，未婚，为人亲切和蔼，说话轻声细语，对张幼仪来说，在柏林居住了好些年的朵拉，既像是她的朋友，也像她在异国的生活导师。

　　与朵拉结识后，张幼仪与她一起搬到了提尔公园附近。提尔公园位于柏林市中心，那里环境清幽，非常适合散心，张幼仪带着孩子在这里居住，再适合不过。

　　张幼仪在提尔公园附近租下了一栋房子的三个房间。张幼仪还给自己的孩子取了个名字"彼得"。"彼得"的读音听着非常像德文里的"Peter"，这个名字在德国非常常见，有独立和刚毅的意思。张幼仪之所以给自己的第二个孩子取这个名字，一方面可能是因为张幼仪觉得彼得出生在西方，最好取个西方的名字，方便小彼得长大后能够适应国外的环境；另一方面，大概是张幼仪觉得徐志摩已经和自己离婚，可能在很长一段时间内，彼得面临的生活并不会像别人父母双全的家庭那样幸福，她希望小彼得能够坚强面对未来。

大概是由于没有结婚，也没有孩子，朵拉非常疼爱彼得，并将他视作自己的孩子。她总是带着彼得到附近的公园一起玩耍，一起做游戏，告诉彼得自己有多爱他。

朵拉和彼得一起玩时，张幼仪总是喜欢在一旁看着他们，也是在这时候，张幼仪能感觉到一丝轻松和惬意。

# 【2】含英咀华，天赋异禀

对于张幼仪来说，从出生到离婚的这二十二年，她的生活是被别人安排好的，自己的父母、徐家、徐志摩……，反正在这二十二年里，张幼仪从来没有对自己的人生做主的机会。

虽然离婚对张幼仪的打击很大，甚至一度几乎摧毁了她，但是，离婚后的张幼仪，在逐渐习惯于艰难的生活之后，终于获得了自己人生的主动权。

从少女时期开始，张幼仪最想做的事就是读书，只不过她一直没有得到合适的机会。离婚之后，张幼仪终于有时间、有权利去决定自己的人生。当彼得稍微好照顾一些时，张幼仪决定去读书。

知晓张幼仪打算读书后，朵拉有点诧异，因为此时的张幼仪已经二十二岁了。在常人看来，张幼仪已经错过了人生最好的进学时段，但是朵拉仍积极地帮助张幼仪。

在几番考量和调查后，朵拉帮张幼仪申请了裴斯塔洛齐学院的幼儿园老师课程。当时德国的其他学校，大多要求学生拥有语言基础，唯独这所学校的这个课程对语言能力的要求较低。

这并非说裴斯塔洛齐学院不好，相反，这所学校在德国有着相当的名气，且这所学校教授的教育方法，在西方世界风靡一时，至今仍然对西方教育界有着重大的影响。

这所学校的教学观念，传承自瑞典教育家和教育改革家约翰·亨利赫·裴斯塔洛齐。裴斯塔洛齐的教学理念，颇似孔子所说的"因材施教"。他认为每个孩子都有自己的天性，应当尊重他们的个性，教育必须顺应他们的天性发展，而非强势扭转，要求他们听话、顺从。老师应根据孩子的特点，鼓励他们对学习产生兴趣，主动去学习。

裴斯塔洛齐学院的理念，对于从小看着兄长们努力背书的张幼仪来说，颇为新奇。她隐隐觉得，也许这所学校的教育观，能让自己获得更为科学的教育观念，也能让阿欢和彼得在自己的教育下顺利成才。

毕竟，张幼仪学习的相当一部分动力，来自她想成为一个好母亲和成为孩子最好的老师的想法。

申请了裴斯塔洛齐学院的幼儿园老师课程后，张幼仪并没有马上去就读，因为当时张幼仪的德语实在太糟糕。为避免入学之后因语言问题落下课程，张幼仪专门请了一位德语教师，每天，那位老师都会到张幼仪租住的房子开展教学。

德语可能是世界上最难学的语言之一，因为它充斥着各种结构和框架。美国作家马克·吐温甚至曾经直言："一位智者可以在30小时内学会英语，30天内学会法语，而要学会德语，得花30年时间。"

可想而知，张幼仪在学习这门语言的过程中有多么吃力。但即便如此，张幼仪还是迎难而上，几个月之后，她成功入学，开始上课。

张幼仪所在的班级，有将近五十个女生，这些女生大多未婚，且青春靓丽，生过孩子的张幼仪，在她们之中显得格格不入。一开始大家都不相识，所以相处得也还算愉快，但是熟识之后，大家总会问起张幼仪的状况。

张幼仪无奈之下，只能对她们说了真相，告诉她们自己已经离婚，并且还要单独抚育一个幼子。

对张幼仪来说，告诉同学们这个消息并不容易，因为张幼仪是在中国传统教育观念下成长起来的女子，在她的认知里，离婚和独自抚育幼子，都是相当不光彩的事情。

但让张幼仪欣慰的是，同学们并没有嘲笑她，反而对她更加关照和友善，也许在她们看来，离婚后独自抚育孩子的张幼仪坚强又伟大。

因为一直怀着读书的梦想，所以张幼仪上学时非常努力，在学校的表现也相当优秀。老师上课时，经常会将张幼仪点起来给大家做示范。有一回，学校的老师教大家用火柴盒做玩具车，老师将张幼仪点起来，让她站在所有同学面前，带领所有的同学学习。

张幼仪在学校学习的日子，基本上把彼得交给了朵拉。每天下课回家之后，朵拉总是会告诉张幼仪，彼得在张幼仪不在的时候做了哪些事，比如对着卖面包的人笑，或者是对着猴子打喷嚏，每当张幼仪听到这些事情的时候总能感觉到欣慰，为彼得的成长而开心。

学校放假时，张幼仪总是和朵拉一起带着彼得去附近散步。彼得非常可爱而且漂亮，每当三人散步的时候，总会有一些路人或者附近的邻居来逗弄彼得。

彼得有着出色的音乐天赋，喜欢各种各样的音乐，尤其是贝多芬和瓦格纳的音乐。张幼仪曾经尝试过放京剧给彼得听，但是彼得一听到京剧便会捂上耳朵，可当朵拉开始放贝多芬和瓦格纳的音乐时，彼得的脸上便会露出满足的笑容。张幼仪曾经给彼得买过一根指挥棒，每当音乐响起，彼得总是试图用那根指挥棒去指挥。每当彼得哭泣时，张幼仪一放起音乐，彼得的哭声马上就会停下，随即沉浸于音乐中。

有时，朵拉带彼得出去散步回来晚了，张幼仪便知晓，必然是他们在散步过程中，曾经长时间逗留在某位钢琴家的门口，聆听音乐。

对于张幼仪来说，和朵拉一起照顾彼得的日子，祥和又安宁。

## 【3】君子好逑，有缘无分

虽然张幼仪和朵拉在柏林的生活还算稳定，但是她们前后也搬过几次家。每次搬家后租新房子时，张幼仪总得绞尽脑汁、找尽借口。因为两个女子带着一个儿童找房子的情景，实在有些怪异，而且那些房东总是担心张幼仪会付不起房租。

为了顺利入住，张幼仪说过诸如彼得的父亲去世了，或者彼得的父亲在英国留学，又或者彼得的父亲马上就会来等理由。张幼仪不是没有对房东说过真话，有一回，张幼仪直接告诉房东，自己离婚了。张幼仪本来以为自己的真话能够得到房东的理解，但是没想到那个房东却拿更加怪异的目光看着她，眼中对张幼仪充满了不信任。

无奈之下，张幼仪只能告诉房东，自己家很有钱，会供养她，在如此的情况下，房东才将房子租给了她和朵拉。但仅仅如此还是不够的，为了取得房东的信任，张幼仪甚至往往需要在每个月的第一天或者提前将房租付给房东。

虽然生活中常有一些风波，但张幼仪在柏林时的日子总体上还算安定。除了朵拉，张幼仪偶尔也会尝试去交一些新朋友，尤其是中国朋友。

张幼仪和中国人交朋友时，大多是和他们一起去听歌剧或者去万湖泛舟，但是张幼仪总感觉很难融入他们，并不是祖国的这些同胞或者张幼仪难以相处，而是张幼仪感觉他们太有文化，他们总是会聚在一起讨论政治和文学，而这些张幼仪都不懂。

与这些人相处时，最让张幼仪开心的事情，是他们不再将自己视作徐志摩的夫人，而是将她视作一个独立的人。每当这些人介绍张幼仪给新的朋友时，那些新认识的朋友都会说："哦，原来你就是张幼仪啊！"而不是像以前一样，说："哦，原来你是徐志摩的夫人啊！"

对于张幼仪来说，大家对自己的介绍的变化，意味着自己的独立，而不是像以前一样，是徐志摩的附属。

在这群人中，张幼仪认识了一个叫卢家仁的朋友。卢家仁身材高大，且性格温和，张幼仪和他相处时，并不会像与其他人相处那样感到不适。

在相熟之后，卢家仁会偶尔去张幼仪家做客，有时是和张幼仪坐在一起聊聊天，有时候则是和彼得一起玩耍。和彼得一起玩的时候，卢家仁极有耐心，他并不以一种大人的姿态对待彼得，而是以一种平等的姿态，像个小朋友一样，充满童趣。

一般来说，朋友到家里时，主人是很少在起居室里招待朋友的，张幼仪招待其他的朋友也是如此，但每当卢家仁来时，张幼仪却毫不顾忌，总是允许卢家仁进入起居室和彼得待在一起。

一开始，张幼仪以为卢家仁只是单纯喜爱彼得，觉得彼得可爱。但是有一天下午，彼得在地毯上玩耍，张幼仪和卢家仁一起坐着喝茶时，卢家仁忽然问了张幼仪一个问题："你打不打算再结婚？"

卢家仁的话，张幼仪知晓是什么意思。张幼仪对卢家仁的印象并不算差，卢家仁温柔、耐心，而且与彼得相处得也还算不错。如果是对于其他离婚的女人，卢家仁也许是个很好的恋爱和结婚的对象，但是对张幼仪来说，她心中有太多的顾虑。

张幼仪和徐志摩离婚的事情在国内闹得沸沸扬扬，刚离婚不久就迅速结婚对张幼仪的名声有影响；张幼仪的四哥张嘉璈曾在张幼仪离婚后写过一封信告诉张幼仪，为了保全张家的颜面，在离婚之后五年内最好不要结婚；就张幼仪自己而言，她觉得自己除了彼得，还有一个在硖石的儿子阿欢，她从来没有对阿欢尽到做母亲的责任。张幼仪打定主意，重新结婚，必须得在自己完成这份责任后。

所以，在听到卢家仁近乎告白的问题之后，张幼仪没敢看卢家仁，只是看着自己茶杯中荡漾的茶水，然后说道："不，我没这个打算。"

张幼仪的话，既坚定又决绝，卢家仁听后，虽然并未继续问，可失望却已经浮现在了脸上。

不久之后，卢家仁向张幼仪告别，而且自那之后没再去拜访过张幼仪。

张幼仪仔细想过她和卢家仁的相处过程之后，释然了。在她和卢家仁的这段关系里，张幼仪一直处于被动的状态。喜欢张幼仪是卢家仁主动，离开也是卢家仁主动，张幼仪无权干涉他的决定，只能坦然看待卢家仁的靠近和离开。

# 【4】彼得离去，哀哀欲绝

张幼仪和徐志摩离婚后，徐家二老一直和张幼仪保持着通信。

通信时，除了日常关心张幼仪的生活，有时候他们也会告知张幼仪徐志摩的近况，比如徐志摩回国后发表了哪些诗作，徐志摩在报纸上写了什么文章，又或者徐志摩与什么人交了朋友，与什么人起了摩擦……

虽然关于徐志摩的事情，张幼仪早已不放在心上，但是有一则消息，还是引起了张幼仪的注意，那便是 1923 年 4 月，诺贝尔文学奖获得者泰戈尔的访华。并非张幼仪刻意关注，而是因为这件事太过轰动。

泰戈尔访华的两个星期，都由徐志摩和林徽因作陪。三人四处游玩，拍了不少照片，报纸上的报道连篇累牍。有报纸将三人的照片刊登，并称徐志摩、林徽因、泰戈尔为"岁寒三友"，在国内引起热议。

又一次听到林徽因的名字，张幼仪实在好奇，林徽因究竟有什么样的魔力，能够让徐志摩如此奋不顾身。这种好奇，并不掺杂着任何嫉妒或者不满，只是单纯地感兴趣，毕竟如今的张幼仪，也走上了她认为的正确的人生之路。

张幼仪也经常会在信中收到公公婆婆让她回国的请求，但张幼仪都拒绝了，拒绝的理由，大多是她已经和徐志摩离婚。

也许是因为徐家二老对张幼仪这位儿媳印象极佳，又或者徐家二老觉得徐志摩与张幼仪的离婚，实在太丢徐家的脸面，徐家二老甚至忽略了张幼仪和徐志摩已经离婚一事，一再要求收张幼仪为干女儿。

对于公公婆婆，张幼仪并不反感。在硖石时，徐家二老对张幼仪还算爱护；张幼仪和徐志摩离婚后，徐家二老对张幼仪的供养也没断过。但即便如此，张幼仪还是没有答应徐家二老的要求，张幼仪实在不知道，离婚的自己，该怎么摆正在徐家的位置。

在德国求学的张幼仪，虽然日子清苦，但也算岁月静好。只是有一件事情一直困扰着张幼仪，那就是彼得经常腹泻。

彼得的腹泻，是从一岁左右开始的。起初，张幼仪并没有特别在意，以为只是简单的肠胃不舒服，很快就会好起来。毕竟，小孩子肠胃脆弱，腹泻也非特别罕见的症状。但是很快，张幼仪就觉得事情有些不对劲，因为彼得在腹泻的同时，还有呼吸困难的症状。

张幼仪急坏了，找朵拉商量了一番，俩人决定带彼得去看医生。在别人的推荐下，张幼仪和朵拉带着彼得与一位名叫海斯的医生见了面。海斯医生非常负责，见到彼得之后，给彼得做了一系列检查，但是始终没有查出彼得到底得了什么病。

张幼仪无奈，只能将彼得带回家中。回到家后，面对彼得的痛苦，张幼仪感觉如同痛在自己身上，但医生都没办法解决的问题，对于张幼仪来说，更加是个难题。张幼仪只能拿出更多的时间陪伴彼得，好让彼得多一些慰藉。

事情的转机，出现在 1923 年的春天。在彼得的病症出现大半年之后，海斯医生经过与其他医生的会诊，终于发现了彼得的病灶所在——原来，在彼得的小肠里，有一条寄生虫，这种寄生虫极有可能是从不新鲜的牛奶中感染的。

发现病因后，张幼仪本来以为医生们很快能将彼得治好，但是没想到医生却告诉她，这条寄生虫位于皮肤和肠子中间，他们也没办法抓出来，张幼仪如遭雷击，只能一再哀求医生。最终，海斯医生推荐张幼仪前往瑞士的一家诊所就诊，只是这家诊所的医药费十分昂贵，而且还不一定能保证治得好。

彼时徐家每个月寄来的二百美元，只够张幼仪的生活，所以，张幼仪立即给徐家去了一封信，告诉了徐家二老彼得的状况，并要求徐家寄一笔钱给彼得去看病。

在张幼仪看来，徐家是硖石巨富，资产丰厚，彼得是徐家的第二个孙子，徐家肯定会寄钱来，而且等到他们的钱寄来之后，彼得的病很快便能得到治疗。

不久，张幼仪收到徐家的来信，但让张幼仪失望的是，这封信里并没有徐家给的支票。徐家二老告诉张幼仪，他们的钱不够送彼得前往瑞士治病，他们也无可奈何。

张幼仪无意去揣测徐家为什么会给自己寄来这样一封信，在张幼仪看来，徐家应该不缺这笔钱。张幼仪只能怀着善意去想，也许是当时国内军阀混战，徐家的生意赔了钱，所以才导致手头拮据，也许是他们没有亲眼见过彼得，所以对这个孩子没什么感情。

但无论如何，治好彼得的最后一丝希望破灭了。

张幼仪只能在家里照顾彼得。看着彼得的病一日重似一日，看着彼得疼痛一日强过一日，看着彼得的呼吸越来越困难，她就像看着一个落水的人一点点沉入湖底，而她却没有能力去救。

这个过程，对于张幼仪来说，痛苦无比。她常常在照顾彼得的时候偷偷独自哭泣，避免将自己的悲伤传染给彼得。她总是在祈祷，希望上天能够让彼得的病痛一夜之间消失，只是彼得的病痛并没有因为张幼仪的祈祷而好上半分，反而更加严重。彼得越来越难以进食，肚子也越来越肿，身体越来越瘦弱。

每天晚上，彼得几乎都难以睡着，张幼仪只能尝试着去安抚他，给他放音乐，让彼得减缓一点痛苦。邻居总是会抱怨夜里放音乐太吵，但是此时的张幼仪却顾不得许多了。

有时候，彼得好不容易入睡了，但是却又会在半夜被痛醒。痛醒之后，彼得会抓着肚子对张幼仪说："妈咪，彼得痛痛。"

天知道张幼仪看到这一幕的时候何等心疼，张幼仪只能和朵拉连夜将彼得送到医院，交由海斯医生照料，让善于照顾儿童的医生，减轻一点彼得的痛苦。

1925 年 3 月 29 日，这一天，彼得离开了张幼仪。此时，距离彼得的三岁生日只有一个月。一个幼小的灵魂就此升入了天国，也带走了张幼仪和朵拉对他全部的爱。

张幼仪和朵拉像失去了灵魂，不要说正常的生活，就连睡觉吃饭这样简单的事情，都毫无心思。

但是彼得的遗体还在医院，且不可能永远放在那里。张幼仪和朵拉强行支撑着自己，将彼得送去火化。

在彼得的身体渐渐消失于大火中的时候，张幼仪仿佛看到了彼得过往陪伴自己的所有轨迹：彼得在医院的出生，彼得第一次在地上爬行，彼得第一次喊自己妈咪，彼得第一次跟跟跄跄地学着走路，彼得和自己在公园玩耍……

彼得离开后，张幼仪和朵拉为彼得举行了一场葬礼。张幼仪本以为，这场葬礼会格外的冷清，没想到葬礼那天来了不少人。二哥张君劢的一些朋友，久未来拜访张幼仪的卢家仁，甚至一些只是偶尔与张幼仪和彼得在公园碰过面的人……

张幼仪不知道他们是如何得知彼得葬礼的消息的，但是他们都来了，他们与张幼仪一起，送别这个幼小的灵魂。张幼仪无心与参加葬礼的每个人寒暄，她只是想，彼得看到这么多喜欢他的叔叔阿姨前来看他，也许会感觉到开心。

葬礼结束后，张幼仪和朵拉将彼得的骨灰盒留在了柏林的殡仪馆，张幼仪已经做好了打算，等到自己完成裴斯塔洛齐学院的学业，再将彼得的骨灰盒取回，带回硖石。在张幼仪看来，彼得虽然出生在德国，可是他的根却在中国。

葬礼结束的那天晚上，也许是因为哀伤过度，张幼仪早早睡了，可是在深夜时，她却又被一阵哭声惊醒。张幼仪顺着哭声寻找，最终看到了将头埋在被子中哭泣的朵拉。

张幼仪知道，自己在异国的这个朋友，对彼得的爱不少于自己半分。

彼得离世后，也许是由于内心太过哀伤，朵拉选择了与张幼仪告别，回了维也纳。

那时通信并不发达，朵拉和张幼仪分别后，基本没再联系过。直到很久之后，张幼仪收到了一封朵拉的信，里面除了问候张幼仪，还有一张朵拉家的照片，在那张照片里，张幼仪看到朵拉的书桌上，竟放着一张彼得的照片，即便过了那么久，朵拉也一直未曾忘却彼得。

张幼仪想给朵拉回信，可却无能为力。因为张幼仪德语口语虽然讲得不错，可书面语却不太行。后来，和朵拉联系的事情便不了了之。

又过了许多年，张幼仪回到国内时，听闻了朵拉去世的消息。张幼仪简直不敢相信，因为朵拉的身体状况，在张幼仪看来还不错，仔细打听之后，张幼仪才知晓，彼得去世后，朵拉悲伤不已，甚至感染了肺炎，一直没有康复，朵拉正是因此离开这个世界的。

张幼仪听闻这个消息后，陷入了久久的沉默。

# 【5】父子亲情，志摩伤痛

虽然彼得的医治并没有得到来自徐家的金钱帮助，但是彼得去世后，张幼仪还是给徐家去了一封信，告知徐家彼得已经离去的事情。

张幼仪给徐家去这封信，本来只是想简单交代一下相关状况。没想到在彼得去世一周后，张幼仪在柏林见到了一个人——徐志摩。

自从 1922 年离婚后，张幼仪和徐志摩没有见过面。张幼仪未曾想到，再见时竟是在彼得去世之后。张幼仪看着眼前的徐志摩，只觉得他比以前更加精神且更加有神采，相比之下，刚刚失去彼得的她，则是如此形销骨立。

张幼仪曾经发过誓，和徐志摩离婚后，一定要凭借自己的力量站起来，自力更生，可再见时，张幼仪觉得并没有将自己最好的一面呈现在徐志摩面前。

徐志摩看到张幼仪，也有些吃惊，他未曾料到，张幼仪竟瘦弱成这个样子。在徐志摩的意识里，张幼仪有徐家的供养，生活应该还算不错才是。在最初的会面之后，徐志摩道明了自己的来意："老太太知道了彼得去世的消息，非常担心你，催我来看看。"

徐志摩的话，透露出他只是单纯地以彼得父亲的身份，代表徐家来看望她。

张幼仪将徐志摩带到殡仪馆，给他看了彼得的骨灰坛子。虽然徐志摩和彼得只见过一面，但是徐志摩看到彼得的骨灰坛子时，还是忍不住落泪。

张幼仪实在不能理解徐志摩为何落泪。在张幼仪看来，从彼得出生到彼得的成长，再到彼得的离去，徐志摩从来都未曾参与其中。他看起来就是个不称职的父亲，但是没想到彼得的离去会对他有那么大的触动。

也许是张幼仪不能理解父子之间的感情，也许是张幼仪不曾了解徐志摩，不过在看到徐志摩伤心的样子时，张幼仪还是有些后悔，后悔自己没有将彼得的遗体再留一段时间，让徐志摩也有机会看一看。

张幼仪之所以将彼得的遗体尽早火化，一方面是遵从传统的亲人离世后三天内必须火化的规矩，另一方面是她不曾料到徐志摩会这么快就赶到柏林。

在和徐志摩一起看了存放彼得的骨灰的坛子后，张幼仪将徐志摩带回了家，并向徐志摩展示了彼得生活过的痕迹：彼得玩过的小车、小马、小鹅、小琴、小书，彼得穿过的衣服，等等。

人终究会在时光里成长起来，即便是徐志摩这样如白云一般潇洒、清风一般自由的人也是如此。在彼得离世几年后，徐志摩偶然间在一个夜晚，碰到了一个八九岁的喜欢音乐的小朋友，徐志摩与这个小朋友相处得极为愉快，但是内心却想起了身殒异国的彼得，并为他写了一篇悼文《我的彼得》：

……那晚虽则结识了一个可爱的小友，我心里却并不快爽；因为不仅见着他使我想起你，我的小彼得，并且在他活泼的神情里我想见了你，彼得，假如你长大的话，与他同年龄的影子。

你在时，与他一样，也是爱音乐的；虽则你回去的时候刚满三岁，你爱好音乐的故事，从你襁褓时起，我屡次听你妈与你的"大大"讲，不但是十分的有趣可爱，竟可说是你有天赋的凭证，在你最初开口学话的日子，你妈已经写信给我，说你听着了音乐便异常的快活，说你坐车里常常伸出你的小手在车栏上跟着音乐按拍；你稍大些会得淘气的时候，你妈说，只要把话匣开上，你便在旁边乖乖的坐着静听，再也不出声不闹：——并且你有的是可惊的口味，是贝德花芬是槐格纳你就爱，要是中国的戏片，你便盖没了你的小耳决意不让无意味的锣鼓，打搅你的清听！你的大大（她多疼你！）讲给我听你得小提琴的故事：怎样那晚上买琴来的时候，你已经在你的小床上睡好，怎样她们为怕你起来闹赶快灭了灯亮把琴放在你的床边，怎样你这小机灵早已看见，却偏不作声，等你妈与大大都上了床，你才偷偷的爬起来，摸着了你的宝贝，再也忍不住的你技痒，站在漆黑的床边，就开始你"截桑柴"的本领，后来怎样她们干涉了你，你便乖乖的把琴抱进你的床去，一起安眠。她们又讲你怎样欢喜拿着一根短棍站在桌上摹仿音乐会的导师，你那认真的神情常常叫在座人大笑。此外还有不少趣话，大大记得最清楚，她都讲给我听过；但这几件故事已够见证你小小的灵性里早长着音乐的慧根。实际我与你妈早经同意想叫你长大时留在德国学习音乐；——谁知道在你的早殇里我们失去了一个可能的毛赞德（Mo zart）：在中国音乐最饥荒的日子，难得见这一点希冀的青芽，又教命运无情的脚根踏倒，想起怎不可伤？

彼得，可爱的小彼得，我"算是"你的父亲，但想起我做父亲的往迹，我心头便涌起了不少的感想；我的话你是永远听不着了，但我想借这悼念你的机会，稍稍疏泄我的积愫，在这不自然的世界上，与我境遇相似或更不如的当不在少数，因此我想说的话或许还有人听，竟许有人同情。就是你妈，彼得，她也何尝有一天接近过快乐与幸福，但她在她同样不幸的境遇中证明她的智断，她的忍耐，尤其是她的勇敢与胆量；所以至少她，我敢相信，可以懂得我话里意味的深浅，也只有她，我敢说，最有资格指证或相诠释——在她有机会时——我的情感的真际。

但我的情愫！是怨，是恨，是忏悔，是怅惘？对着这不完全，不如意的人生，谁没有怨，谁没有恨，谁没有怅惘？除了天生颟顸的，谁不曾在他生命的经途中——葛德说的——和着悲哀吞他的饭，谁不曾拥着半夜的孤衾饮泣？我们应得感谢上苍的是他不可度量的心裁，不但在生物的境界中他创造了不可计数的种类，就这悲哀的人生也是因人差异，各各不同——同是一个碎心，却没有同样的碎痕，同是一滴眼泪，却难寻同样的泪晶。

…………

那天在柏林的会馆里，我手捧着那收存你遗灰的锡瓶，你妈与你七舅站在旁边止不住滴泪，你的大大哽咽着，把一个小花圈挂上你的门前——那时间我，你的父亲，觉着心里有一个尖锐的刺痛，这才初次明白曾经有一点血肉从我自己的生命里分出，这才觉着父性的爱像泉眼似的在性灵里汩汩的流出；只可惜是迟了，这慈爱的甘液不能救活已经萎折了的鲜花，只能在他纪念日的周遭永远无声的流转。

在写下这篇文章时，徐志摩已经年近三十，到了而立之年。此时的徐志摩，对当年未曾陪伴彼得有了悔意。甚至他对张幼仪的态度，也有了许多改观，他开始称赞张幼仪的勇敢和胆量，并且说张幼仪能够听懂他的话，最有资格去诠释他的情感。

要知道，当年的徐志摩，可是一直对张幼仪不屑一顾。

第十章

**重返故国
物换星移几度秋**

## 【1】同游意国，久客思归

在去殡仪馆悼念过彼得后，张幼仪打算返回学校继续读书，至于徐志摩的去处，张幼仪无暇过问，也毫无兴趣，但她没想到，徐志摩竟然提出要去意大利，并且让她同行。

张幼仪本来对此没有丝毫的兴趣，但是她也知道，以自己现在的状态，想要投入学习中，根本不可能。彼得的离去，对张幼仪的打击实在太大。

考虑了一番，张幼仪同意了。张幼仪觉得，出去旅游一趟也许可以减轻失去彼得的悲伤，而且自从到欧洲后，张幼仪已经差不多四年都没有好好休息过了。

就这样，一对已经离婚的夫妻，踏上了前往意大利的旅程。与张幼仪和徐志摩同游意大利的，还有徐志摩的两位朋友。这两位朋友是一对姐妹，张幼仪称呼她们为泰勒姐妹。

一开始的旅途还算顺利，张幼仪会偶尔和泰勒姐妹聊聊天，与几年前刚到欧洲时相比，这一次张幼仪已经能和徐志摩的朋友用简单的法语进行沟通，三人聊得也比较愉快。

旅途进行了一段时间的时候，张幼仪发现徐志摩似乎有些不对劲，因为每天早上吃早饭时，徐志摩都会焦急地等待他国内的朋友胡适给他拍的电报，情况与张幼仪和徐志摩住在沙士顿的时候相比，没什么差别。

张幼仪太了解徐志摩了，看到徐志摩的样子，她立即猜想，也许徐志摩又恋爱了。

张幼仪的猜想没错，徐志摩这次表面上是带着张幼仪到意大利散心，实际上却是避风头。在1922年回国，苦追林徽因无果后，徐志摩在一次聚会中偶然结识了一个名为陆小曼的女子。

陆小曼名眉，别名小眉、小龙，擅长作画、精于戏剧，是北平盛名在外的名媛，与上海的另一位名媛唐英，在当时并称"南唐北陆"。

陆小曼的父亲是国民党南京政府财政部的赋税司长，她的丈夫是哈尔滨警察厅厅长，国民党陆军少将王庚。王庚和徐志摩都是梁启超的弟子，且二人都加入了新月社。

王庚是个军人，缺乏情趣，且常常忙于政务，与陆小曼有些不和。王庚出差时，常常让徐志摩陪伴陆小曼，以免陆小曼无聊。没想到就在日常的陪伴中，徐志摩和陆小曼产生了感情，且一发不可收拾。

王庚听闻徐志摩和陆小曼产生感情后，愤怒不已，甚至一度对外称要杀了徐志摩。徐志摩正是因此才逃出了国门。

徐志摩之所以每天早上焦急地等待着胡适的电报和信件，是因为他的好友胡适正在斡旋此事，徐志摩急切地想知道事情有没有发生好的变化。

在意大利待了不久，有一天早上，徐志摩收到一封信，读着信，徐志摩忽然对张幼仪说："太好了，我们现在可以离开了。"徐志摩的兴奋，张幼仪没有回应，她只是猜测，大概徐志摩最近遇到的问题，已经得到了解决。

事实也是如此，经过胡适的斡旋，王庚终于答应了不杀徐志摩，而是选择了和陆小曼离婚。大概王庚心里也已经想清楚，对于陆小曼的变心，就算杀了徐志摩也无济于事，只会让自己的手上平白多一条性命。

在决定离开意大利后，张幼仪回到了德国。此时，朵拉回了维也纳，张幼仪在耶拿大学读书的二哥张君劢也离开了德国，回国了。张幼仪在德国举目无亲。

此时的张幼仪，也应该尽早回国才是。但是张幼仪不愿意放下自己已经学了一半的课程，决定完成学业再走。

就在张幼仪进学的这段日子里，徐家以前按时寄给张幼仪的支票，竟然开始延误，且每次到达的时间，也开始不稳定。在欧洲的几年生活，张幼仪依靠的一直是徐家的供给，当徐家的供给开始不稳定后，张幼仪的生活也困顿起来。

张幼仪猜想，徐家的支票之所以延误，大概是因为徐志摩和陆小曼的事情太过闹心，徐家二老没时间顾及自己。为了在德国生活下去，张幼仪尽量安排好手中的每一笔钱，甚至连食物，也一天天、一份份规划好，争取让自己在支票延误的日子里不至于挨饿。

但是有一回，支票实在来得太晚了，张幼仪的手头只剩下十天的食物。十天一过，如果支票还没到，张幼仪实在不知道自己该怎么继续生活下去。张幼仪只能祈祷，在十天之内徐家的支票能到。

张幼仪的运气不错，徐家的支票在张幼仪最后一笔钱快花完的时候到了。

之后的一段时间，张幼仪一直在学校学习，但是与彼得去世之前相比，张幼仪的学习效率差了许多，精神也难以集中。张幼仪总是会想起彼得还在的时候，张幼仪觉得只有那时自己才是快乐的。

张幼仪开始想离开德国，甚至她还规划，如果自己回国，以自己的所学，应该能在国内找一份教职工作，成为一名老师。另外，失去彼得的张幼仪，开始想念身在硖石的阿欢，她觉得自己没有照顾好彼得，阿欢的成长自己一定不能错过。

就在张幼仪规划着回国的时候，徐家人和徐志摩也给张幼仪来了信，邀请张幼仪回国。徐志摩之所以邀请张幼仪回国，是因为此时徐志摩的感情遭遇了一些阻力，需要张幼仪去解决。

在王庚和陆小曼离婚后，徐志摩打算和陆小曼结婚，但是陆小曼的母亲不确定徐志摩是不是真的和张幼仪离婚了，她不希望陆小曼嫁进徐家做妾，因此极力反对陆小曼嫁给徐志摩。而徐家这边，徐家二老也极力反对徐志摩娶陆小曼进门，因为在徐家二老看来，张幼仪才是徐家儿媳，张幼仪不同意，徐志摩的婚事就办不成。

两家的问题，如今都系于张幼仪一身。张幼仪仔细考虑过后，决定回国说明自己和徐志摩离婚一事。

决定离开德国之前，张幼仪的八弟张嘉铸忽然找到了张幼仪，想和张幼仪一起回国。张嘉铸过去几年一直在克拉克大学和哥伦比亚大学读书，而今学业已经完成。

八弟想和自己一起回国，张幼仪自然是欢迎的。从德国到国内的路途遥远，有八弟做伴，可以有个人陪着聊天解闷。

张嘉铸和张幼仪商量了一番后，决定乘坐火车，取道西伯利亚回国。

离开德国的那天，张幼仪最后看了一眼自己生活了五年的国家，眼中藏着不舍。来这里时，自己尚是个规矩顺从的传统媳妇，离开这里时，她已是个可以独当一面的新式女子。

这片名叫德国的土地，藏着张幼仪的伤心往事，也见证着张幼仪的成长和坚强。


## 【2】近乡情怯，父母劬劳

伴随着长长的汽笛声，火车在漫长的行驶后，终于停靠在了上海。张幼仪的终点站之所以选在上海而不是南翔，是因为张幼仪在欧洲的那几年，随着张家的儿女纷纷成才，张家发展得越来越好，在上海定居了下来。

走下火车，脚踏上祖国的大地，张幼仪几乎有些不敢相信自己的眼睛。

与几年前相比，中国的老百姓似乎一夜之间便进入了新的时代，先生们不再如同以前一样，穿着长袍马褂，而是西装革履，尖头皮鞋，与西方的那些商务人士没什么不同，小姐们的穿着不再像以前那样保守，她们有的穿上了短裙，有的穿上了薄纱质地的衬衫，她们的腿上裹着丝袜，脚上踩着高跟鞋，比以前不知时尚了多少。

看到眼前的同胞，张幼仪知道，早先中国经历的那场变革，已经深刻地改变了中国，西方的生活理念已经深入人心。

就在愣神的时候，张幼仪忽然听到有人在叫她的名字。她抬头看去，望见不远处，自己的父母、兄弟姐妹早已在车站迎接她。

五年不见，父母似乎苍老了许多。兄弟姐妹们也比以前更加成熟。张幼仪看着前来迎接自己的家人，尤其看着苍老的父母，忽然觉得一阵心酸，眼眶也不知不觉含了泪水。

五年来，自己在德国经历了从依顺到自强的过程，而自己的父母，虽然未与自己相见，但是看得出他们一直在为自己担心。

张幼仪提着行李走到父母跟前，张幼仪的母亲抱住张幼仪，忍不住在张幼仪的肩头哭泣。

张幼仪只能抱住母亲，安慰着："别哭。"

虽然张幼仪从未告诉过父母和兄弟姐妹们自己已和徐志摩离婚，但是张幼仪通过家人的反应，还是能看出他们其实早已知道了此事。而且徐志摩当年的离婚通告轰动一时，他们怎么可能没有耳闻。

张幼仪猜想，这些年他们应该有无数次想去询问自己与徐志摩离婚的事情，只是最终忍住了，因为他们不想旧事重提，伤了女儿的心。

面对着关心自己的父母和兄弟姐妹，张幼仪安慰着母亲和家人，自己在异国他乡过得还不错，并且尽量表现出轻松的样子。也许是大家真的相信了张幼仪的话，也许是想避免再次伤害张幼仪，大家都没有再悲伤，而是叫了人力车，一同回家。

回到家，张幼仪感觉到了舒心和安适。

张幼仪的父亲开始询问张幼仪在欧洲的生活，张幼仪将过往的桩桩件件都详细地告诉父亲。父亲听闻张幼仪在欧洲的悲喜欢乐，只觉难过。

他未曾想到，女儿在异国他乡竟吃了这么多苦。早知如此，他也不会将女儿送到欧洲。不过通过女儿现在的言辞，张祖泽知道，这些年女儿成长了不少。

交谈中，张祖泽从未向张幼仪问起离婚的事，仿佛从来不知道这件事。张幼仪知道，这是父亲对自己的爱护。

张幼仪也看得出，自己不在国内的这五年，父亲的观念改变了不少。要知道，按照以前的规矩，像自己这样嫁出去的女儿就是泼出去水，结婚之后，命运就与娘家没有了多大关联。

在家里待了几天，张幼仪去了一趟徐家。张幼仪回国的一个很重要的原因，就是去说明自己和徐志摩离婚的事情。此时，徐家二老并不在硖石，而是住在上海的一家旅馆里。

到旅馆后，张幼仪见到了徐申如和徐志摩。徐申如坐在沙发上，看起来十分忧郁，大概这几年为徐志摩的事情操心不少。而徐志摩则大刺刺地坐在沙发上，手上戴着一个碧绿的戒指，看起来应是品质极高的"勒马玉"。

见到徐申如和徐志摩，张幼仪给他们深深地鞠了一躬。

徐申如问张幼仪："你和我儿子离婚，是真的吗？"

张幼仪觉得徐申如这个问题未免有点多余。徐申如不是早已经知道此事了吗？旋即，张幼仪明白了徐申如的意思，大抵是他对徐志摩和自己离婚的事很不满，想亲耳听一听自己的答案。

张幼仪不卑不亢地答道："是。"

徐申如的眼中闪过一丝失落和难过。虽然他早就知道这个答案，但亲耳听到这个回答时，徐申如还是难以接受。

房间里的气氛有些沉默，半晌，徐申如又问张幼仪："那你反不反对徐志摩和陆小曼结婚？"

之前在德国时，在和徐申如之间的信中张幼仪早就知晓，徐家对徐志摩和陆小曼结婚一事不满，也知道只要自己说出一句不同意，徐志摩和陆小曼的婚便结不了，但是张幼仪还是回道："不反对。"

张幼仪知晓，自己的回答，必然会让徐家二老失望，但她依旧如此回答。张幼仪有什么理由反对徐志摩和陆小曼结婚呢？她已经和徐志摩离婚了，又何必徒增徐志摩的不快？

听到张幼仪的回答，徐申如的眼中满是失望，而一旁的徐志摩却高兴得从椅子上跳了起来，欢喜之情溢于言表。之前他还一直担心，张幼仪可能会坏了自己的事情。在徐志摩的理解中，张幼仪是一直不愿和自己离婚的，如今加上自己父母的支持，张幼仪肯定更加有底气，他未曾想到张幼仪竟然会回答得那么干脆。

就在徐志摩欢呼雀跃的过程中，他手中的那枚"勒马玉"戒指不知怎么忽然飞出了窗外。徐志摩的欢呼顿时被这突如其来的意外打断，他急忙下楼寻找戒指，可是不管怎么寻找，都找不到。

张幼仪隐隐觉得这件事不太吉利，后面几年，徐志摩和陆小曼结婚之后发生的事情，果真如此。


## 【3】骨肉情深，言传身教

在旅馆见了徐家二老和徐志摩后，张幼仪回了一趟硖石。

这一回，张幼仪主要是去探望阿欢。离开国内时，阿欢不过三岁，等到自己再回国，五年时光已倏忽飞逝，阿欢已经长成了一个半大的孩子。

回到徐家，初见阿欢，张幼仪简直有些不敢相信，因为阿欢与当年自己离开时的那个小小人儿完全不同，此时的他，皮肤洁白，骨架纤细，和徐志摩简直是一个模子里刻出来的。

因为有好些年没见过面，所以阿欢一开始有些生分。但在徐家人的介绍下，阿欢知晓这是自己五年未见的生母。而且，母子关系终究在那里，阿欢很快便和张幼仪亲近了起来。

这几年间，阿欢大多数时候都交由徐志摩的父母教养。徐家既是硖石首富，也是书香门第，所以对阿欢在学习上的培养还算严格，从四岁开始，阿欢便跟着一位先生读书，等到张幼仪回家时，阿欢已经积累了不少知识。

阿欢将自己学会的诗词背给张幼仪听，看到儿子背诵诗词有模有样，学过育儿课程的张幼仪，自是以鼓励为主。

在徐家的培养下，阿欢的学识有了相当的长进，可在生活的独立性方面却相当差。徐家安排了好几个佣人照顾阿欢，平日里，阿欢的生活就是"衣来伸手，饭来张口"，以至于阿欢到了八岁，连衣服都不会自己穿，而且，阿欢喜欢吃糖，徐家人也从来不加以阻拦，以致阿欢的牙都被蛀坏了。

经历过离婚，又经历过欧洲独居的张幼仪，知晓一个人的独立生活能力有多重要，她下定决心，一定要纠正儿子的坏习惯。

张幼仪开始刻意培养阿欢的生活习惯。她要求阿欢每天早上不得赖床，晚上休息时也不能睡得太晚，至于阿欢想出去玩，也得写完作业之后才能被应允。

经过一段时间的培养，阿欢果然改掉了许多以前的坏毛病。甚至徐志摩在一篇名为《再谈管孩子》的文章里，对张幼仪的教育方式大加赞赏："再没有比我的父母再爱孙儿的，他病了我母亲整天整晚的抱着，有几次在夏天发热简直是一个火炉，晚上我母亲同他睡，在冬天常常通宵握住他的冷脚给窝暖；但爱是一件事，得法不得法又是一件事。这回好了，他自己的妈（张幼仪女士，不久来京，想专办蒙养教育）从德国研究蒙养教育毕业回来了。孩子一归她管，不到两个月工夫，整个儿变化了，至少在看得见的习惯上。他本来晚上上床早上起身没有定时的，现在十点钟一定睡，早上也一定时候起，听说每晚到了十点钟他自己觉得大人不理他了，他就看一看钟，站起来说，明天会，自己去睡了。"

除了上面的这些，徐志摩还写道："本来他晚上睡不但不换睡衣，有时天凉连棉袄都穿了睡的，现在自己每晚穿衣换衣，早上穿衣起身再也不叫旁人帮忙。本来最不愿意念书写字，现在到了一定时候，就会自动写字念书。本来走一点路就叫肚疼或腿酸的，现在长路散步成了习惯。洗澡什么当然也看作当然了。最好是他现在也学会了认真刷牙（他在德国死的弟弟两岁起就自己刷牙了），在知识上也一样的有进步……"

徐志摩之所以如此赞赏张幼仪，是因为徐志摩自己经历过教育孩子的痛苦，对他自己教育孩子的成果颇为无奈："我的孩子因为在老家里生长，他们（指徐志摩父母）还是如法炮制，每回我一回家，就奖励他走路上山，甚至爬石头，他也是顶喜欢的，有一次我带他在山上住，天天爬山，乐得很，隔一天他回了，碰巧有点发热，家里人又有了机会来破坏爸爸的威信了：'你看都是你爸，领你到山上去乱跑，着了凉发热，下回再不要听他了！'当然他再也不听信爸爸的了！"

当阿欢的习惯慢慢改过来的时候，张幼仪也在为生活进行下一步规划——她决定带着阿欢去北平读书。

其实一开始，张幼仪的打算并不是如此。张幼仪本想在硖石找个地方住下来，开一所女校，将自己在德国学习的知识教授给孩子们，张幼仪还一度看中了一栋大楼，准备进行改造。但最终，张幼仪还是放弃了。

张幼仪放弃原先的打算，主要是有三点考虑。

一是张幼仪已经和徐志摩离婚，但在硖石居住、探望阿欢的这段时间，硖石的百姓们却依旧将张幼仪看作徐志摩的太太，这让张幼仪很不舒服。

二是在徐家的这段时间，张幼仪已经深刻地认识到，如果留在硖石，继续教育阿欢肯定很难有成果，因为徐家对于阿欢这个独孙实在太过溺爱。

三是彼时国内军阀遍地，四处打仗，就连硖石这个小地方，也遍布着大大小小的军阀。张幼仪认为阿欢在这种环境下，很难沉下心来学习，显然，大城市更加适合阿欢的成长。

张幼仪本来以为，自己提出带阿欢前往北平，徐家会不同意，毕竟张幼仪知晓徐家对阿欢的宠爱程度，但是张幼仪和徐家二老认真谈过阿欢的未来后，徐家二老同意了。

而且，在张幼仪和徐家沟通这件事的时候，徐家二老还告诉张幼仪，他们将会把徐家的财产分成三份，一份给徐志摩，一份留给他们自己养老，另一份则给张幼仪和阿欢。

显然，即便是张幼仪已经和徐志摩离婚，但在徐家二老看来，张幼仪依旧是他们徐家的人，甚至，因为对徐志摩失望，他们对张幼仪比对徐志摩和陆小曼更加信任。

这件事后不久，张幼仪收到了一份来自徐志摩的邀请函。徐志摩和陆小曼要结婚了，特邀张幼仪前去观礼。虽然对徐志摩和陆小曼的婚姻，张幼仪并不抵触，但无论如何，张幼仪和徐志摩曾经有过一段婚姻，要她去看自己的前夫和别的女人结婚，张幼仪还是感觉膈应。

所以，张幼仪婉拒了徐志摩的邀请。

## 【4】阅墙诤帚，噩耗来袭

1926 年 8 月 14 日，北京北海公园，徐志摩终于与他寻访到的他认为的灵魂之伴侣——陆小曼，举行了婚礼。

这场婚礼的排场并不算大，可来宾却都是当时中国教育界、文学界、新闻界响当当的人物。哲学家金岳霖、语言学家赵元任、国学大师陈寅恪、新文化运动旗手胡适，以及中国近代史上百科全书式的人物梁启超……

梁启超为徐志摩和陆小曼的婚礼担任了证婚人，不过他对徐志摩与陆小曼的婚姻，充斥着批评。

婚礼上，梁启超直言不讳道："我来是为了讲几句不中听的话，好让社会上知道这样的恶例不足取法，更不值得鼓励。徐志摩，你这个人性情浮躁，以至于学无所成，做学问不成，做人更是失败。你离婚再娶就是用情不专的证明。"

批评完徐志摩，梁启超似乎意犹未尽，又批评陆小曼："陆小曼，你和徐志摩都是过来人，我希望从今以后你能恪遵妇道，检讨自己的个性和行为，离婚再婚都是你们的性格的过失所造成的，希望你们不要一误再误，自误误人，不要以自私自利作为行事的准则，不要以荒唐和享乐作为人生追求的目的，不要再把婚姻当作是儿戏，以为高兴可以结，不高兴可以离，让父母汗颜，让朋友不齿，让社会看笑话，让……"

梁启超说到这里的时候，徐志摩似乎感觉丢脸，便打断梁启超："恩师，请为学生和高堂留点面子。"

看了徐志摩一眼，梁启超总算没有继续批评，只是道："总之我这是希望你们两个人这一辈子最后一次结婚。这就是我对你们的祝贺。"

婚礼本应该热热闹闹、欢欢喜喜的，但经过梁启超这么一通批评，显得有些冷场。

徐志摩和陆小曼的婚礼上发生的一切，张幼仪自然是不关心的，因为她此时正在忙活阿欢在北京上学的事情。

张幼仪本以为，徐志摩和陆小曼结婚后，自己这辈子和徐志摩应该没什么交集了，没想到就在徐志摩和陆小曼婚后一个月，身在北京的张幼仪忽然收到一封徐志摩的父母从天津发来的电报，邀请张幼仪前往旅馆见面。

徐志摩和陆小曼结婚了，徐家二老此时应该和徐志摩还有陆小曼在硖石生活才是，怎么突然到天津了？张幼仪的心中充满疑问，但她还是决定去见一见徐家二老。

张幼仪觉得，徐家二老到天津应该只是来探望自己和阿欢，没想到徐家二老一见到张幼仪就开始大吐苦水，尤其是徐家老太太。

"陆小曼竟然要求坐红轿子！"老太太愤愤地说道。

张幼仪知道老太太说的是什么意思，一般女人一生只坐一次红轿子，而且是在结婚的时候，在徐家老太太看来，陆小曼是二婚的女人。

"还有，吃晚饭的时候，她才吃半碗饭，就可怜兮兮地说：'志摩，帮我把这碗饭吃完吧！'"

老一辈人比较节俭，是见不得剩饭这类事情的，一般都是吃多少饭就盛多少饭，所以老太太对陆小曼自然不满。而且，陆小曼剩下的饭都凉了，让徐志摩吃陆小曼剩下的冷饭，老太太也担心徐志摩生病。

老太太似乎越说越气愤："吃完饭，我和你公公准备上楼做自己的事情，没想到陆小曼竟然又可怜兮兮地对志摩说：'志摩，抱我上楼。'"

"你听说过有这么懒的人吗，这是个成年女子啊，她竟然要我儿子抱她！"

老太太的唠叨，张幼仪只能静静听着，一言不发。如今的她，对于徐家来说是个外人，不管老太太怎么说，张幼仪也无法改变现状。

骂了一通陆小曼，老太太又说了她和徐申如离开硖石时候的情形："那天晚上，老爷和我说：'我要坐下班车离开这里，你打理打理箱子，告诉佣人一声，弄好了再与我碰头。'"

听到这里，张幼仪明白，老太太和徐申如，是一刻也不想待在家里，所以着急离开的。

虽然徐申如坐在一旁一句话都没有言语，一直都是老太太在说，可是张幼仪想象得到，作为徐家家长的徐申如，对陆小曼也非常不满意。

一旁，老太太又继续道："所以我们就到北方来找你啦，你是我们的儿媳妇嘛。"

说完这句话，老太太立马噤声，似乎意识到自己的话有些过了，毕竟自己的儿子和张幼仪已经离婚了，再称呼张幼仪为儿媳不合适。

张幼仪也感觉别扭，不过张幼仪并未苛责老太太，或者重申自己已经不是徐家儿媳的事实。在张幼仪看来，自己虽然已经与徐家没有了关系，但是对两位老人的尊重还是要有的。

张幼仪决定将徐家二老带到北京散心。两个老人留在天津，张幼仪并不是很放心，毕竟两个人的年纪都大了。虽然张幼仪知道自己的举动可能引发一些问题，但张幼仪还是这样做了。

果然，就在张幼仪将徐家二老接到北京后不久，徐志摩便打来了电话，质问是不是张幼仪主动写信给自己的父母，让自己的父母去找她的。

张幼仪告诉徐志摩，自己没有这样做的理由，没想到徐志摩却说张幼仪这样做是为了落陆小曼的面子。

听到徐志摩不着边际的话，张幼仪直接将电话挂了。张幼仪觉得徐志摩对自己的了解，未免误差太大。

徐家二老到来，张幼仪的家里热闹了许多，每天欢声笑语不断。徐家二老甚至春节都没回硖石，而是和张幼仪一起度过的。

张幼仪不是没有想过留在硖石的徐志摩和陆小曼会有意见，可是张幼仪毫不在意。现在的张幼仪，早已不是那个唯唯诺诺的女子了，与其担心别人怎么想，还不如将自己的日子过得欢快一些。

张幼仪的欢快并没有持续多久。就在新年之后没几天，张幼仪忽然收到了一封电报，张幼仪通过电报得知，母亲病了。

张幼仪只能向徐家二老表示歉意，让他们去徐志摩那儿，而自己则回到了上海家里。

回到家，看到病恹恹的母亲，张幼仪只觉得一阵心疼。张幼仪永远记得，在那个父亲打过自己一巴掌的下午，是母亲抚慰自己受伤的心。

# 【5】驾鹤西去，杯圈之思

张幼仪回家大约十多天后，她的母亲便驾鹤西去了。张家所有的儿女站在母亲的病床前，送别了母亲。母亲的丧事是由张幼仪负责操办的。

在母亲咽下最后一口气后，张幼仪按照传统规矩，在母亲的嘴里放了个布包，里面装着珍珠、宝石、玉石和一些金银等物。

之后，张幼仪又安排佣人给母亲净了身，然后给她穿上七层的七彩寿衣。在这些寿衣的下摆和母亲的鞋上，张幼仪还叫人给缝上了珍珠，张幼仪所做的一切，是尽力让母亲去往另一个世界时，看起来雍容华贵。

母亲离世后的第二日，张幼仪又安排了和尚念经。母亲的整个葬礼举办得非常顺利，也非常风光，唯一让张幼仪心怀芥蒂的是，在葬礼过程中，徐志摩竟然没上门悼念过一次。张幼仪并非想徐志摩以自己前夫的身份出现，但张幼仪觉得，最起码，徐志摩应该以哥哥们的朋友的身份出现，毕竟徐志摩和张幼仪的几个兄弟都是极好的朋友，于情于理，徐志摩都应该上门看一眼，可是徐志摩没有。

张祖泽和妻子是不折不扣的"娃娃亲"，两个人幼年相识，及长结婚，相伴了一辈子，虽然磕磕绊绊，但一生还算幸福。妻子离世后，张祖泽有些失魂落魄。

担心父亲张祖泽想不开，张幼仪特地在家里多留了一段时间，陪伴父亲。

然而，仅仅三个月后，张幼仪的父亲也永远地离开了这个世界。

在极短的时间内连续失去了母亲和父亲，对张幼仪来说，无疑是重大的打击，但是张幼仪没有被这些打击击败，而是坚强地站了起来。

从回家探望母亲，到母亲离世，再到父亲驾鹤西去，这段时间里，张幼仪将本在北京上学的阿欢带到了上海上学，以免耽误课程。

料理完父亲的后事，张幼仪本想在上海定居，将阿欢转学到这里。但因刚刚回国，张幼仪手头非常拮据，最终只能放弃。与此同时，张幼仪还从父母生前的房子里搬了出来，与八弟张嘉铸、四妹张嘉蕊一起住到了距离上海约莫半个小时车程的一座小镇上。

张幼仪和八弟、四妹之所以从父母的房子里搬出来，是因为父母生前在上海居住的房子是租的。之前，这栋房子的租金一直是由张幼仪的四哥张嘉璈支付。父母去世后，因为葬礼花了太多钱，张嘉璈的资金已经不多了，于是他和家中兄弟姊妹商议，将那栋房子退租了。

张幼仪一向对住处没什么特别的需求，毕竟在国外的那段时间，她既住过独栋别墅，也住过不见人烟的僻静乡村，如今即便和阿欢、八弟、四妹居住在上海郊外的小镇，张幼仪亦觉内心十分安宁。

彼时，张幼仪的八弟刚刚找到一份在银行的工作，每天早上，八弟会和阿欢一起乘坐同一辆车从家里出发，八弟去上班，阿欢则前往学校。而在家里，张幼仪则和四妹张嘉蕊待在一起，聊聊天或是做做家务。

张幼仪本以为会在小镇上生活几年，没想到有一天，四哥张嘉璈忽然找到张幼仪，要将自己位于海格路的房子送给她。四哥莫名的举动，让张幼仪好奇。一番询问之后，她才得知原委。

原来，父母去世后，有一天晚上，张嘉璈和妻子休息时，竟恍惚中看到了母亲的身影。母亲对张嘉璈将张幼仪和四妹还有八弟丢在乡下的事情格外愤怒，她怒斥张嘉璈没有尽到一家之主和身为兄长对弟弟妹妹们照顾的责任。

张嘉璈醒来后，找到了张幼仪，告诉她，也许只有张幼仪收下这栋房子，母亲的灵魂才能得到安息。

张幼仪接受了四哥赠送的房子，搬到了上海市内。张幼仪原以为四哥赠送的房子是普通的洋房，等到真的见到房子时才发现，四哥赠送的哪里是普通的房子，而是一栋带着花园的别墅。别墅附近，不仅有花园，有散步的小路，还有喷泉。这样的房子，在民国时代简直是罕有。

拿到房契后，张幼仪在房子内外转了转，然后去了四哥说的恍惚见到过母亲身影的主卧。张幼仪躺在主卧的床上，闭上眼睛，呼唤着母亲，试图像四哥一样看到母亲的身影，然后告诉母亲，让母亲放心离去，自己现在过得很好，可是没有得到回应。

张幼仪一直没有忘记四哥的恩情。三年后，当张幼仪在商界大放异彩时，她在法租界买下一栋房子，回赠给了四哥。

第十一章

# 商界精英
# 谁说女子不如男

# 【1】教书育人，初涉银行

人这一生，总得找到一件自己想做的事。

早年在诞下阿欢后，张幼仪曾想过，等到自己学到一些知识后，可以教给阿欢；在德国的裴斯塔洛齐学院学习时，张幼仪也曾经想过，回国后可以当一名老师，教授学生；回国后，张幼仪也想过在硖石办一所学校，专门教授那些女孩子自己在德国学到的幼儿教育的课程……

张幼仪想过自己会成为一名老师，但是绝没想过，有一天她会成为一名大学老师。

1927 年，张幼仪任教于东吴大学，在那里教授德语。

东吴大学创办于 1900 年，与张幼仪同岁。它是中国第一所西制大学，最初只有文理、医学和神学三科，学生也不足百人。张幼仪在此校任教时，东吴大学已经变成一所规模颇大的学校，并增设了法学院，中国第一个硕士学位和第一个法学士学位，均诞生自这所学校。

在东吴大学教书，张幼仪一直有些诚惶诚恐。因为张幼仪觉得自己的德语不太好，她担心误人子弟，尽管在民国那个没多少人懂德语的年代，张幼仪已经算是出类拔萃了。

初入大学校园的张幼仪，感觉一切都是如此新奇。穿着校服的学生，热闹的校园环境，还有颇具人文素质的老师们……张幼仪甚至想过，以后的日子待在象牙塔里也不错。

初执教鞭，张幼仪保持着自己一贯认真负责的态度。每次给学生上课之前，她总会做足功课，以保证自己的教学质量。在教学过程中，对学生的疑问，张幼仪尽量给出自己的回答，有时候张幼仪不知道答案，她也会尽力找出答案，然后告诉学生。

在经历了第一学期的教学工作之后，张幼仪准备继续进行第二学期的教学，没想到这时，有几个自称来自上海女子商业储蓄银行的女士忽然找到了张幼仪，让她去担任银行的总裁。

上海女子商业储蓄银行的人为何想要自己去当总裁，张幼仪不得而知，可是去银行谋职，张幼仪倒有些兴趣。经过接洽，张幼仪知晓了这几位女士找自己去当总裁的原因：

张幼仪的四哥，此时是中国银行的总经理，在金融界和银行界拥有巨大的影响力，被人誉为"金融巨子"和"现代银行之父"，北伐军进驻上海时，张嘉璈甚至为北伐军筹措过军费。张幼仪的母亲去世时，为了拉拢张嘉璈，蒋介石甚至亲自前往灵堂祭拜。

如果自己担任上海女子商业储蓄银行的总裁，这家银行因为张幼仪的关系，毫无疑问可以获得部分张嘉璈的影响力，在商业上会顺利许多。

虽然知晓这几位女士邀请自己去银行就职，并不是因为看中自己的能力，而是看中了四哥的影响力，但是张幼仪还是决定接受邀请。

一个人得以转变命运的机会并不多，若是抓住了机遇，自己的整个人生也许会因此改变；若是未曾抓住机会，也许一辈子都泯然众人。张幼仪答应那几位女士的邀请，也是基于这种想法。不过，张幼仪并未答应担任上海女子商业储蓄银行的总裁，而是答应担任副总裁，因为张幼仪觉得，自己不能滥用哥哥的影响力。

进入上海女子商业储蓄银行后，张幼仪开始了解这家银行的相关状况。

这家银行创办于 1924 年，位于上海南京路直隶路转角，是当时全国唯一的女子银行，针对的客户，也主要是女性。当时上海的许多女子，每到发工资的日子，都会将拿到的薪水支票到这里兑现，然后将拿到的钱再存在银行里。

除了这部分职业女性，这家银行还有一部分存储来自另外一些妇女。这些妇女大多已经结婚，但她们当中有许多人在丈夫之外还有个男朋友。她们的男朋友大多会送一些珠宝、金银首饰给她们当礼物。为避免被丈夫发现，她们也会将金银珠宝储存在此处。

张幼仪本以为，自己接手这家银行后，可以先当个甩手掌柜，只是平时用一下四哥的影响力，帮助一下银行，自己从中学习一些知识就好，没想到她接手银行时，银行的存款竟所剩无几，银行濒临倒闭。

原来，张幼仪担任这家银行的副总裁之前，这家银行的管理人员将银行里的钱都借给了亲戚朋友或者那些借贷的人，而由于时局的频繁变化，许多都已经还不上了。

银行本来的意思，是请一些律师和那些借了钱的人打官司，收回账款，但张幼仪拒绝了这个提议。张幼仪觉得，中国人向来温良，讲究"欠债还钱，天经地义"，那些人并非故意不还钱，而是因为经济出了问题。

更为重要的是，此时的银行，空得已经快能跑耗子了，继续去请律师打官司，不知道又要耗费几何。

张幼仪觉得，可以去和那些债务人商量，和他们一起想办法，看能不能让他们尽力偿还一些债务。

在张幼仪的努力下，一段时间以后，上海女子商业储蓄银行竟然扭亏为盈，财务状况和经营状况得到了极大改善。

但张幼仪知道，仅仅做这些是不够的。自己能够进入这家银行，其实是走了"后门"，但在银行的实际经营和对银行的了解上，自己完全一窍不通。

为了真正了解和搞懂银行的运行状态，张幼仪将自己的办公桌安置在了银行的最里头，这样就可以看到银行整体的状况，也方便她去深入了解银行的具体工作模式。每天早上九点，张幼仪都会准时到达银行，学习专业知识，认真看文件。而银行的其他人，或多或少地会迟到，那些迟到的人，每次看到张幼仪，都会向她表示歉意，张幼仪虽然告诉他们不必在意，但时间一长，他们也不好意思再迟到了。所以，张幼仪此举也起到了整顿银行内部分员工消极怠工现象的作用。

张幼仪还聘请了一位老师教授她银行的相关知识。每天下午五点，那位老师会准时到张幼仪的办公室为张幼仪授课。在授课的时间里，张幼仪也会放下手头所有的事情，集中精力学习。已经在东吴大学教过德语的她，深知学习一定不能三心二意。

从一个对银行业一窍不通的白丁，到成为上海女子商业储蓄银行的副总裁，再到真正掌控这家银行，张幼仪一直在路上。

# 【2】云裳服装，风靡沪上

1927 年 8 月 7 日，上海南京路卡德路路口，人头攒动，人声鼎沸。大家聚集到这里，是因为上海第一家专门为中高层女性量身定制服装的公司——云裳，在这一天正式开业了。

前来观看云裳服装公司揭幕仪式的，除了附近凑热闹的百姓，前来购物的顾客，还有上海大大小小的报社的记者。大家如此关心这家新开的公司，是因为这家公司的参与者，都是当时中国文艺界名噪一时的人物。

这家公司的参与者，除了张幼仪的七弟张景秋和八弟张嘉铸，还有徐志摩、陆小曼、胡适、剧作家宋春舫、民国名媛唐瑛以及著名雕塑家江小鹣等人。公司由江小鹣担任总设计师，陆小曼和唐瑛担任总招待，云裳公司的招牌由著名画家吴湖帆亲笔题写。

　　早在开业之前，云裳服装公司因为做了有力度的宣传工作，就已经闻名上海滩。在当年的"上海妇女慰劳北伐前敌兵士会"演出上，云裳服装公司参与者唐瑛，曾在演出最后一天撒下了一大沓云裳服装公司的名片。因为这些名片上喷了香水，所以看演出的观众都乐于将这些名片收集起来。

　　当时在场的记者曾经感叹，唐瑛之所为，是给云裳公司打了个免费的广告。

　　若说这场演出之后，云裳在上海小有名气，那么云裳公司接下来的动作，则将"云裳"这两个字推到了上海百姓耳熟能详的地步。在"免费广告"过后，云裳公司又开始打起了"有偿广告"。

　　《申报》《上海画报》《晶报》《小日报》——上海大大小小的报纸，《旅行杂志》《上海漫画》——上海的诸多杂志，在云裳公司开业之前的那段时间里，都曾经刊载过云裳公司的广告。

　　《申报》曾在头版刊出广告，其中详细介绍了云裳服装公司的优势："云裳是上海唯一的妇女服装公司，特聘艺术图案刷染缝纫名师，承办社交、喜事、跳舞、家常、旅行、剧艺、电影种种新兴服装、鞋帽等件及一切装饰品，定价公道，出品快捷，特设试衣室、化妆室，美丽舒适，得未曾有。定于今日开幕，敬请参观。"

　　名人效应，加上广告的"狂轰滥炸"，云裳服装公司的名声大震，所以在开业当天才如此引人注目。

　　《晶报》曾经刊登过《云裳中之大大银儿》一文，介绍云裳公司开业时的盛况："乞巧日之后三日，云裳公司开幕。所谓幕者，以零缣片锦，缀成一方，蔽诸云裳公司招牌上；来宾既参观公司所制品，饱嗅试衣室香气，复在邻居 Belle Mode 空屋进茶点。经理江小鹣乃以方案置店前，铺素毯，缀客昵馨花（康乃馨。作者注）及颇黎杯（玻璃杯。作者注），成内外二圈，满斟葡萄美酒，抱一七岁之聪明幼女，立案上杯圈中，女股东唐瑛女士、陆小曼夫人，分立左右。幼女名朱翠苹，股东朱润生之爱女也，执彩绳引之，零缣立坠，吴湖帆所书云裳匾额见。翠苹高立举杯，众饮酒；翠苹不饮，则洒之，礼成。"

按照道理，这样一家明星般的公司，其创始人应该很清晰才是，但此事却是众说纷纭。书画家容天圻曾经撰写过《陆小曼与云裳服装公司》一文，称自己曾经在陆小曼的堂弟陆效冰的遗物中发现一张照片，陆夫人告诉他，云裳服装公司是陆小曼与唐瑛等人合办的。

但梁实秋在《谈徐志摩》一文中则写道："上海的云裳公司根本与陆小曼无关，那是志摩的前夫人张幼仪女士创设主持的。"

甚至，梁实秋还曾经回忆自己在云裳服装公司做大衣的情形，以佐证张幼仪就是云裳服装公司创办人一事："我在十五年夏天回国在上海访张嘉铸先生未遇，听见楼上一位女士吩咐工友的声音：'问清楚是找谁的，若是找八爷的，我来见。'我这是第一次见到这位二小姐。她是极有风度的一位少妇，朴实而干练，给人极好的印象。她在上海静安寺路开设云裳公司。这是中国第一家新式的时装公司，好像江小鹣在那里帮着设计，营业状况盛极一时，我带着季淑在那里做过一件大衣。"

除了梁实秋，新月派诗人刘英士也十分肯定地表示，云裳服装就是张幼仪创办的。刘英士在《谈云裳公司及其人事背景》一文中写道："云裳公司自始至终可以说是张二小姐一人的事业，其他一群朋友只是借此机会来表现一番，或帮忙助兴，或出风头。"

此外，刘英士还详细记述了张幼仪开办云裳服装公司的经过：张幼仪回国之后，张家老太太曾经请了一个名为阿梅的南翔裁缝给张家人做衣服。在做衣服的过程中，张幼仪发现阿梅心灵手巧，因此才产生了开办云裳服装公司的想法，而阿梅则成为云裳服装公司的台柱子。

历史的纷扰，在时间的冲刷下，皆已成云烟。不管云裳究竟是不是张幼仪创办的，最终，这家公司还是由张幼仪主持了。如果张幼仪不是创办这家公司的人，那么张幼仪接手这家公司，极有可能与这家公司的经营不善有关。

1927年，这家公司创办时，股本有一万元，但经营不过一年，便将最初的本钱亏损得一干二净。

《福尔摩斯》曾经报道云裳服装公司："乃由大股东数人，另组一义记公司，出资四千元，贷与云裳公司，即以云裳公司之生财、存货、牌号等，为抵押品，并订明如半年后云裳公司无力清偿此项押款时，义记公司即可履行契约，将其抵押品收归己有。"

这里的大股东，指的便是张幼仪的八弟张嘉铸和上海名媛甘金翠女士。至于云裳服装公司，也有可能是张嘉铸交给张幼仪的。

张幼仪接手之后，改变了云裳服装公司的经营方式。

她将云裳服装公司的业务改成了集成衣店和服装定做于一体。这样既可以保证高端客户的需求，也可以满足普通百姓的需求。

为了增加云裳服装公司的竞争力，张幼仪还参考了国外流行的裙子，将原来呆板的中式裙子，改造成紧腰身、宽臀、开衩和长度不等的时装裙，与紧窄的西式上装相配。

因为新潮，云裳服装公司的裙子很快引起了顾客的注意，甚至吸引了许多知名人物，这其中既包括了苏青、丁玲这样的文艺界人物，也吸引了一些上海贵妇。

在店里，张幼仪还陈列了一些服装样品，方便前来购买衣服的顾客对比。与此同时，张幼仪还让店里的工作人员为衣服设计了特别的扣子和缎带等，使顾客可以有面子向旁人夸耀自己的衣服是在云裳服装公司做的。

张幼仪的做法，让本来已经亏损的云裳很快开始盈利，甚至上海的青年中开始流传一句口号："要穿最漂亮的衣服，到云裳去；要配最有意识的衣服，到云裳去；要想最精美的打扮，到云裳去；要个性最分明的式样，到云裳去！"

# 【3】贤良淑德，双姝争艳

对于成年人来说，最难兼顾的事情，可能就是事业和家庭，正如许多人从著名的电影《剪刀手爱德华》里总结出来的那句话一样："我拿起剪刀就无法拥抱你，放下剪刀就无法保护你。""剪刀"，便是成年人的事业。

负责上海女子商业储蓄银行和云裳服装公司的张幼仪，显然并没有打算做一个爱德华一般的人物。虽然每天公司、学习种种事情已经让她忙得脚不着地，但是回家之后，张幼仪还是会抽出时间辅导阿欢的作业，每次辅导完，张幼仪还得仔细检查一遍，尝试去帮阿欢解决他不懂的问题。

在忙碌之余，张幼仪也学会了悦己。她偶尔会找几个人打打麻将，让自己放松一下。

有时候，张幼仪也会将二哥张君劢和四哥张嘉璈请到家里吃饭，让一家人有机会聚在一起。也许是张幼仪做的饭菜口味不错，张君劢和张嘉璈都喜欢到张幼仪家吃饭。

就在张幼仪逐渐适应事业和既有的家庭生活的时候，徐志摩和陆小曼也从硖石搬到了上海，与徐志摩和陆小曼一起搬到上海的，还有徐志摩的父母。

虽然徐家二老与陆小曼相处得并不融洽，但不管怎么说，陆小曼终究是他们的儿媳，他们终究是名义上的一家人，而且那时的中国人，也讲究阖家团圆的观念。

　　徐志摩所居住的位置，距离张幼仪家并不远。每到周末，张幼仪会偶尔带阿欢前往徐志摩家，让阿欢和徐志摩的父母团聚，在张幼仪看来，让徐志摩的父母享受天伦之乐，是她的责任。

　　张幼仪一向如此具有责任感。做女儿的时候，她恪守着做女儿的顺从乖巧；做媳妇的时候，她保持着做媳妇的温婉贤淑；即便是离婚了，她也尽量去完成自己未尽的义务。

　　张幼仪的行为，让徐家二老更加看重张幼仪和阿欢，对于他们来说，与陆小曼的相处给他们带来很多不快，阿欢的到来，是给了他们安慰剂。每次阿欢到徐志摩家后，徐申如总是会去商店里为阿欢挑选一些玩具，而老太太则会吩咐家中的佣人为阿欢准备美味的吃食，阿欢去那儿高兴，徐家二老招待阿欢也高兴。

　　有一回，张幼仪送阿欢去徐家的时候，恰好在门口碰见了徐志摩。本来张幼仪没打算与徐志摩过多交流，但没想到徐志摩拦下了张幼仪。

　　"你觉得阿欢应该怎么称呼陆小曼才好？"徐志摩问张幼仪。

　　徐志摩一开口，张幼仪便知道徐志摩的意思。无非是他和陆小曼已经结婚，但是阿欢每次去徐家，见到陆小曼都不肯打招呼。陆小曼之于阿欢，如同外人一般。

　　徐志摩拦下张幼仪，无非是想让阿欢称呼陆小曼"母亲"，但是对一个母亲来说，让自己的儿子称呼别的女人为"母亲"，张幼仪肯定不太愉快。

　　"你觉得阿欢叫陆小曼'继母'怎么样？"张幼仪还没有回答，徐志摩又如是补充道。

　　张幼仪并未将自己心中的不快表现出来，只是冷冷地说："随你高兴，只要阿欢愿意这么叫她就行。"

　　张幼仪虽然不高兴，可是却无法阻挡作为父亲的徐志摩的意图，便只能如是回答。其实张幼仪的不高兴，只是作为一个母亲的本能反应而已，她对陆小曼并没有什么意见。

陆小曼和徐志摩结婚时，张幼仪和徐志摩已经离婚好几年了，陆小曼和徐志摩自由恋爱，然后按照彼此的意愿结婚，张幼仪与他们二人的感情毫无关系。甚至，张幼仪还有一些羡慕陆小曼，因为自己以前和徐志摩在一起时，徐志摩从来都不肯顾自己一眼，没想到徐志摩和陆小曼结婚之后，却愿意与自己这个前妻去商议，如何让孩子称呼陆小曼。

与张幼仪在一起时，徐志摩飘忽得不似人间之人；和陆小曼结婚后，徐志摩这个天上之人，终于"落地"。

和张幼仪这次沟通之后，阿欢再到徐志摩家时，徐志摩尝试让阿欢叫陆小曼"继母"。只是此时的阿欢已经不是小孩子，他已经将近十岁，开始明白事理，无论徐志摩怎么诱导，阿欢始终拒绝以任何称呼去叫陆小曼。

因为张幼仪和徐志摩住得近，所以有时候便难免有些接触，甚至张幼仪还曾经和陆小曼有过一次见面。

那是徐志摩和胡适等人正式筹备《新月》月刊的时候，胡适请客，邀请徐志摩、陆小曼和张幼仪一同前往吃饭。在邀请张幼仪之前，胡适曾经给张幼仪去了一个电话，询问张幼仪在陆小曼在场的情况下，是否愿意前往。

胡适给张幼仪去这个电话，本来是担心张幼仪和陆小曼待在一起会产生不快，但张幼仪却一口答应了下来。

张幼仪不知道胡适缘何会邀请自己去参加这个与自己毫不相关的聚会，只是猜想也许是胡适想看一看她和陆小曼各自有了多少进步，也许……，但无论怎样，张幼仪都选择前往。因为张幼仪若是不去，难免引发旁人的猜测，比如张幼仪是不是对徐志摩旧情未了，比如张幼仪是不是怕与陆小曼见面后相形见绌……

张幼仪打定主意要去，而且一定要在这场聚会上表现得既独立，又自主。

到了聚会那天，胡适、徐志摩、陆小曼和张幼仪齐聚一堂。在这场聚会上，陆小曼表现得和徐志摩如胶似漆，陆小曼称呼徐志摩为"摩"和"摩摩"，而徐志摩则称呼陆小曼为"眉"和"曼"，两人甜腻炙热，而张幼仪则在一旁冷眼旁观。

这场聚会结束后，张幼仪曾经想过徐志摩为何不喜欢自己而喜欢陆小曼。大抵，是因为她不会撒娇吧。别的女人，都向男人展示着自己的柔弱，以便让男人心中升起呵护之心，而张幼仪却像一株木棉，她不是攀附橡树的凌霄花，也不是为绿荫重复单调歌曲的鸟儿，她是一株木棉，一株可以与橡树一起抵抗寒潮、风雷、霹雳的木棉，一株可以与橡树共享雾霭、流岚、霓虹的木棉。

# 【4】家庭琐事，股海沉浮

在张幼仪一边忙事业，一边带阿欢的过程中，徐家的情况又发生了一些变化——一个名叫翁瑞午的男人住进了徐家。

翁瑞午是一名医生，精通戏曲，喜欢收藏。翁瑞午和陆小曼、徐志摩的相识，源于陆小曼的病情。

陆小曼的身体一直不太好，兼有哮喘和胃痛等病症。深爱陆小曼的徐志摩为了治好陆小曼的病，曾经遍访名医，最终徐志摩的朋友江小鹣为徐志摩推荐了翁瑞午。

翁瑞午最初给陆小曼看病，主要以推拿治疗为主，后来竟开始建议陆小曼吸食鸦片，因为鸦片在当时的医生眼中兼具治病镇痛的作用，但时间一长，陆小曼竟染上了烟瘾。

在为陆小曼治病之余，翁瑞午有时候还会与陆小曼讨论戏曲。陆小曼本来就沉迷于此，翁瑞午又师从名家，一来二去，两个人的关系愈发亲密。

至于徐志摩，他一直将翁瑞午视为朋友。陆小曼结婚后，依旧不改以前的骄奢习性，徐志摩得忙着到各地去任教赚钱，所以常常将陆小曼托付给翁瑞午，让他帮忙代为照顾。

另一个男人住进家里，与自己的儿媳在一张床榻上抽大烟，且关系不清不楚，徐志摩的父母自然看不下去。终于，徐家二老给张幼仪打了个电话。

"我再也受不了啦！我一定要告诉你陆小曼的事情，我再也没法忍受和这个女人住在同一个家里了。"张幼仪一接通电话，便听到徐家老太太向自己抱怨。

张幼仪只能先将老太太安抚一番，然后询问发生了何事。

徐老太太告诉张幼仪，家里来了一个姓翁的男人，而且已经在徐家住下，这个男人现在已经是陆小曼的男朋友了。

向张幼仪简单说了一遍情况之后，老太太又继续向张幼仪抱怨一些生活上的细节："家里冰箱里本来有一块火腿，我和老爷叫佣人热了当晚饭的菜，但第二天陆小曼打开冰箱一看，发现火腿没有了，然后竟然冲我和老爷数落：'你怎么做这种事，那块火腿是特意留给翁先生的。'"

除了这件事，老太太又继续说："徐志摩在北京教书，回来之后我准备了一些人参，打算让佣人做给徐志摩吃，没想到佣人竟然说那些人参不能动，因为陆小曼交代过，这些是留给翁先生吃的。"

更让徐家二老难以接受的事是陆小曼和翁瑞午抽完鸦片后，在家里的烟榻上睡得横七竖八，而徐志摩深夜回家之后，也只能和他们俩一起蜷缩在烟榻上。

听完老太太一通抱怨，张幼仪安抚道："那你和老爷打算怎么办呢？"

"我和老爷想搬去和你住！"电话的末尾，老太太向张幼仪如是说道。

听了老太太的请求，张幼仪沉默了片刻，并非她反对徐家二老搬到自己这里，只是她在思考一个万全之策。她现在已经和徐志摩离婚，且徐志摩已经再婚，若是徐家二老贸然搬到自己这里，只会让徐志摩和陆小曼难堪。

最终，张幼仪决定让徐家二老先搬回硖石老家，然后住上一段时间，再搬到自己这里，这样一来，就不会落人口实了。

徐家二老也觉得这种安排不错，便听从了张幼仪的意见。

徐家二老搬到硖石住了一周左右，随后搬到了张幼仪的家里。在搬之前，徐家二老告诉徐志摩，他们夫妻是去探望孙儿的，可能会在张幼仪家住上一段时间。但实际上，徐家二老后来在张幼仪家却住了好几年。也许徐志摩那时也因父母和陆小曼闹得不开心而头疼，所以在父母住在张幼仪家的几年里，徐志摩从没有反对过。

徐志摩的父母搬到张幼仪家后，张幼仪侍奉用心，甚至还在自己那栋房子后面给徐志摩的父母重新盖了一栋房子。

那个时期，国内经济得到了极大发展，股市也如火如荼，已经熟知金融业和银行业规则的张幼仪，趁着东风往股市里投了一些钱，本来张幼仪只是打算试试水，但是没想到竟获利不菲。为徐志摩父母盖房子的钱，也正是由此赚来的。

在徐志摩的父母和张幼仪毗邻而居之后，徐家二老有时会到张幼仪这里吃饭，张幼仪有时也会送阿欢到徐家二老那里团聚，一家人和和气气，幸福而安定。

那段时间，陆小曼的烟瘾越来越重，徐志摩常常前往北京授课，以赚取生活费，供养陆小曼。因为要出去会见各界名流，徐志摩常到云裳服装公司定做衬衫或者长裤，大多数时候，徐志摩的服装是张幼仪负责的，毕竟张幼仪和徐志摩相处了好几年，对他的生活习性最为了解。后来，即便不定做衣服，徐志摩也会前往云裳服装公司探望张幼仪。

离婚后的徐志摩和张幼仪，反而来往愈加紧密，像是已相识多年的老友，更像是最陌生的家人。


# 【5】善尽孝道，徐母离世

时间来到 1928 年。这一年，徐志摩开始游历英、美、日、印等国讲学，并发表了那首在中国文学史上具有鲜明刻度的《再别康桥》。

在徐志摩游历国外的那段时间，徐申如从硖石回了一次上海。

这次回上海，徐申如不是去探望张幼仪和阿欢的，而是去找陆小曼的。徐申如打算和陆小曼深谈一次，让陆小曼搬到硖石乡下，节俭一点。徐申如觉得，陆小曼一个人住上海的那间大房子，未免有些浪费。徐申如觉得徐志摩赚钱并不轻松，甚至得因此兼职好几所大学的教授。

徐申如和陆小曼的恳切交谈，并未引起陆小曼的回应。

1929 年元旦，徐志摩回到国内，徐申如前去火车站接徐志摩时，提到和陆小曼的交谈，依旧十分愤慨。甚至，徐申如发誓，再也不要和陆小曼讲话。

徐志摩回国后，徐申如夫妇又一次搬到了上海，与张幼仪和阿欢住在一起。徐志摩有时候会单独去探望父母，有时候也会带着陆小曼一起去。徐志摩单独去的时候还好，每次带陆小曼去，徐申如都会像躲债一样，远远地看见徐志摩和陆小曼的车子到了，就从后门跑到张幼仪家里去，让徐老太太一个人面对徐志摩和陆小曼。

这样的情形，一直持续到 1930 年。

1930 年，徐家二老再次回到了硖石。俩人年纪已大，对于家乡也愈发眷恋，因此，徐家二老离开，张幼仪没有挽留。

没想到，回到硖石不久，徐家老太太忽然病重，患上了很严重的哮喘。在那个年代，医学的发展水平远没有现在发达，医生们对哮喘这类疾病的认知更是有限。

徐申如担心年迈的妻子患病之后突然离去，因此赶紧打电话给身在上海的徐志摩，让他回硖石。给徐志摩打完电话，徐申如又给张幼仪打了个电话，让张幼仪也回硖石。

听到老太太病重的消息，张幼仪有些不敢置信，因为老太太虽然已经年迈，但身体一向还不错。张幼仪很想立即回硖石去探望老太太，但对回硖石这件事，张幼仪十分犹疑。

张幼仪之所以犹疑，并非不关心老太太的身体，只是张幼仪知道，如果老太太将不久人世，老太太的后事，肯定应该由陆小曼去料理，毕竟她才是徐家的媳妇。而她张幼仪，已经和徐志摩离婚了，她去硖石，只会让她的处境显得分外尴尬。

在通盘考虑后，张幼仪告诉徐申如，她会让徐志摩将阿欢带回家看望奶奶，她自己就不回去了。

张幼仪本来以为这样的安排没什么问题，但是没想到徐志摩带着阿欢回家后，徐申如再次打来电话，让张幼仪赶紧回去。

张幼仪只能告诉徐申如，自己和徐志摩已经离婚了，不应插手徐家的事情。

此时的徐申如已经急疯了，他没和张幼仪在名分的事情上继续沟通，他只是告诉张幼仪，家里半个女人都没有，他和徐志摩都不知道怎么办，让张幼仪一定要回去。

"硖石巨子"，强悍了大半辈子的徐申如，第一次感觉面对生活如此无力。在此时的徐申如看来，陆小曼不可靠，自己的亲儿子徐志摩也不可靠，真正能靠得住的，只有已经和徐家在名分上没什么关系的张幼仪。

感觉到徐申如的情绪不太稳定，张幼仪让徐申如将电话给了徐志摩，徐志摩接通电话后，同样也有些失控，人生第一次，徐志摩对张幼仪发出了求助的声音："我什么也不会，妈妈病得这么重，我不懂医药方面的事情。"

张幼仪考虑了很久，最终决定前往硖石。不过，在去硖石前，张幼仪提了一个要求，一旦自己去硖石，即便是陆小曼去了，她也不会离开屋子一步，她得留下参加葬礼。

张幼仪之所以提出这个要求，是因为她不想变成被人用完即弃的工具，即便是面对名义上是徐家儿媳的陆小曼，她也不会后退半步。张幼仪不再是以前那个默默付出而不求任何回报的人。付出了，就不应该示人以软弱，成为张幼仪的人生信条。

徐志摩从未见过这样的张幼仪，最终他答应了张幼仪的要求。他以一种颇为无奈的语气说："好啦，好啦，你来就是了。"

徐志摩答应自己的条件后，张幼仪立即动身了。

张幼仪到硖石时，徐家老太太已经病得不行了。她躺在床上，见到张幼仪回家，颇为高兴。她对张幼仪说："你来了就好了，我晓得，我晓得你来了就会将每样事情都办得妥妥帖帖。"

在老太太生命的最后一段日子，张幼仪寸步不离，用心侍奉，就像张幼仪依旧是徐家的儿媳，是徐志摩的妻子一样。半个月后，老太太安然地离开了。

徐老太太离世后，所有的丧葬事宜也由张幼仪一手安排。张幼仪像自己的母亲离世时一样，将一个装满金银珠宝的布袋塞进了老太太嘴里；然后又雇人帮老太太穿上了饰以珍珠的寿衣；请来了和尚做法事；又去找了裁缝裁剪送葬所用的孝布孝服；请来哭丧的人为老太太哭丧……

举行葬礼的那天，张幼仪像徐家的媳妇一样，带着阿欢站在棺材旁边，有宾客前来悼念时，张幼仪便让阿欢给那些宾客致谢。

陆小曼是在举行葬礼的那天早上到硖石的，到硖石后，在葬礼举行前，她一直待在卧房里，等葬礼正式开始时，她才出来，以徐家儿媳的身份面对大家。

第十二章

# 人生逆旅
# 花开花落自有时

# 【1】快鹏折翼，永失志摩

徐母离世后，徐志摩越发忙碌起来，他不仅担任大学的教职，甚至开始充当中间人，替朋友卖房子，以此赚一些佣金，用来供养陆小曼。

偶尔，徐志摩会去云裳服装公司，与张幼仪的八弟张嘉铸聊天，又或者让张幼仪帮他做几件衬衫。张幼仪依旧管理着上海女子商业储蓄银行和云裳服装公司。

1931 年 11 月 18 日，一个平常的日子，徐志摩照例来到云裳服装公司，询问张幼仪之前定做的那几件衬衫做好没有，张幼仪告诉徐志摩还未做好。和张幼仪简单聊了几句之后，徐志摩告诉她，自己准备赶回北京。

张幼仪问徐志摩为什么这么着急，徐志摩没有回答。张幼仪不知道的是，徐志摩之所以赶行程，是因为第二天晚上，他得去参加林徽因在北平和谐小礼堂为外国使者举办的中国建筑艺术的演讲会。

见徐志摩很坚持，张幼仪没再挽留。但徐志摩离开时，张幼仪忽然叫住了徐志摩，说："你以后还是别搭乘飞机了。"

张幼仪之所以如此建议，是因为在那个年月，飞机作为一种交通工具，技术并不成熟。即便是在国外，空难也不少见，而且空难一旦发生，飞机上的人生还的概率是很低的。

彼时，徐志摩常常乘坐的飞机，是中国航空公司的，因为他曾经写过一篇名为《想飞》的文章，中国航空公司因为想拿徐志摩做广告，所以给了他一本免费的乘机券。

对于张幼仪的担忧，徐志摩并未放在心上，他只是笑着说道："不会有事的。"

徐志摩的笑容富有感染力，稍稍安了张幼仪的心，随后徐志摩向张幼仪告辞，离去了。

徐志摩离开后，张幼仪和往常一样继续忙云裳服装公司的工作。张幼仪以为，徐志摩的这次飞行会像以前一样顺利，可是没想到，20日凌晨一两点钟的样子，家里的佣人忽然叫醒了张幼仪，告诉她有一位中国银行的先生在门口，拿了一封电报要给她。

中国银行的电报？张幼仪稍微有些好奇，自己平时与中国银行并没有什么瓜葛。如果非说有，那就是四哥张嘉璈是中国银行的总经理罢了。

见到那位先生后，张幼仪忽然感觉有些不正常，因为那位先生显得有些悲戚。

取过电报，打开粗粗浏览了一番后，张幼仪心神巨震——这封电报是关于徐志摩乘坐的飞机失事的消息：1931年11月19日下午，徐志摩乘坐的那架飞机突遇大雾，因难辨航向，撞山坠毁，徐志摩和飞机上的两位机师当场死亡。

张幼仪以为自己看花了眼，又重新看了一遍，可电报上的内容依旧还是徐志摩遭遇空难的消息。

张幼仪半晌没有说话。与徐志摩过往的一幕幕，仿佛又在她的眼前重现。她和他的第一次见面，她和他成婚，她和他在硖石老家的相处，她和他在沙士顿的争吵，她和他在柏林离婚，她和他在意大利旅行……

一桩桩，一件件，都浮现在张幼仪的心头……

张幼仪的思绪并没有持续太久，因为送信来的那位先生打断了她："张小姐，我去过徐志摩家，可是陆小曼不收这封电报，她说徐志摩的死讯是假的，她不相信。"

听到这话，张幼仪以为自己听错了。作为徐志摩的妻子，陆小曼怎么能拒绝认领徐志摩的遗体？

张幼仪并未在陆小曼的态度上做过多纠结，既然陆小曼无法处理这件事，那么就只能自己去处理了。张幼仪先让自己冷静下来，并请家里的佣人为那位送信的先生端了一杯茶，让他稍坐。

然后，张幼仪拨通了八弟张嘉铸的电话，告知了张嘉铸这个噩耗，张嘉铸在电话里哭了起来。

张幼仪对八弟张嘉铸说了自己接下来的安排：让张嘉铸先带着阿欢去一趟济南，处理前期事宜，自己则在家里安抚徐志摩的父亲徐申如。

早上，徐申如到张幼仪家里吃早饭，早饭过程中，张幼仪装作不经意间透露出有架飞机失事的消息，张幼仪并没有说谁在飞机上，但张幼仪知道，徐申如一定能猜出徐志摩在那架飞机上，因为在他们认识的人中，只有徐志摩会定期乘坐飞机。

果然，徐申如听张幼仪说完，立马紧张起来，连番询问具体情况。

徐申如年纪已大，张幼仪不敢告诉徐申如实情，只是告诉徐申如，现在徐志摩人在医院，情况比较糟糕。

也许是意识到飞机失事的后果的严重性，也许是接受不了这个消息，徐申如告诉张幼仪，自己现在不会去医院探望徐志摩。

第二天早上吃早饭的时候，徐申如又问张幼仪："有什么消息吗？"张幼仪低头看着盘子说："他们正在想办法，可是我不晓得他们能怎么样。"

又过了一天，当徐申如又向张幼仪打听消息时，张幼仪终于忍不住了，只能哭着告诉徐申如实情："没指望了，志摩去了。"

听到张幼仪的话，徐申如似乎一瞬间被抽干了全身力气，他呆立在原地，一脸哀痛。过了半晌，徐申如将脸别到一旁，他的声音似乎也有些嘶哑了，他尽力让自己看起来沉稳些，说道："好吧，那就算了。"

说罢，徐申如颤颤巍巍地走到一旁，尽力去平复自己的内心。

# 【2】亲朋追悼，丧礼之争

作为中国当时最知名的诗人之一，徐志摩的一举一动，都受到当时艺术领域和新闻领域人员的关注。

徐志摩去世后，很多人前往济南悼念，其中既包括阿欢和张幼仪的八弟张嘉铸，也包括张奚若、金岳霖、梁思成、沈从文等徐志摩的生前好友，还有许多身在济南的徐志摩的读者。

鉴于徐志摩在国内文坛影响力颇大，中国银行曾在济南为徐志摩举行了公祭和丧礼。

徐志摩的生前好友纷纷为徐志摩送上挽联，以表追思。

北大曾经的校长，时任"中央研究院"院长的蔡元培送的挽联是：

谈诗是诗，举动是诗，毕生行径都是诗，诗的意味参透了，随遇自有乐土；

乘船可死，驱车可死，斗室坐卧也可死，死于飞机偶然者，不必视为畏途。

这副挽联，概括了徐志摩如同诗一般的人生，也点出了徐志摩浪漫而随性的品格。

徐志摩的另一位好友，社会活动家和近代经济管理学家杨杏佛送出的挽联，先是回忆了徐志摩在文学上的成就，而后追忆了自己与徐志摩往日的交情：

红妆齐下泪，青鬓早成名，最怜落拓奇才，遗爱新诗双不朽。

小别竟千秋，高谈犹昨日，凭吊飘零词客，天荒地老独飞还。

京剧大家梅兰芳先生送给徐志摩的挽联是：

归神于九霄之间，直看囒籁成诗，更忆拈花微笑貌。
北来无三日不见，已诺为余编剧，谁怜推枕失声时。

徐志摩曾经答应过给梅兰芳做新戏的编剧，只是未想到两个人的约定还未完成，徐志摩便魂归九天，梅兰芳送的挽联中提到了此事，并表达了深深的遗憾。

郁达夫与徐志摩既是同学，又是同乡，二人之间有二十年的交情，他的挽联是：

两卷新诗，廿年旧友，相逢同是天涯，只为佳人难再得。
一声河满，九点齐烟，化鹤重归华表，应愁高处不胜寒。

徐志摩的父亲徐申如在挽联中如是写道：

考史诗所载，沉湘捉月，文人横死，各有伤心，尔本超然，岂期邂逅罡风，亦遭惨劫；
自褓襁以来，求学从师，夫妇保持，最怜独子，母今逝矣，忍使凄凉老父，重赋招魂。

徐申如已经年迈，妻子逝去才不过一年，如今又遭逢爱子离世，白发人送黑发人，心中的难过可想而知。在这副挽联里，徐申如先是以屈原"沉湘"和李白"捉月"来形容爱子的逝去，下联则回忆了徐志摩从出生到成长，自己和妻子对于徐志摩的喜爱。一个伤心的老父亲的形象，全然藏在这副挽联里了。

陆小曼则是以妻子的身份送出了挽联：

> 多少前尘成噩梦，五载哀欢，匆匆永诀，天道复奚论，欲死未能因母老；
>
> 万千别恨向谁言，一身愁病，渺渺离魂，人间应不久，遗文编就答君心。

在这副挽联里，陆小曼将对徐志摩的深情一一表露。她遗憾于自己和徐志摩只在一起生活了五年，徐志摩就离开了这个世界，也恨不得自己与徐志摩一起离开，只是家中还有母亲要奉养，与此同时，陆小曼也在这副挽联中道出了自己今后的生活重心，那就是尽力编撰徐志摩的文集，让徐志摩的作品永远在世上流传。

全程安排徐志摩葬礼的张幼仪，本来是想在徐志摩的丧礼上讲几句话的，可是因为太过哀痛，不知道说些什么，最终只送出了挽联：

> 万里快鹏飞，独憾翳云悲失路；
>
> 一朝惊鹤死，我怜弱息去招魂。

因为已经和徐志摩离婚，张幼仪无法用妻子的身份表达追思，但在张幼仪送出的这副挽联里，仍可瞥见张幼仪的内心对徐志摩的无限惋惜。

徐志摩去世后，林徽因悲痛难抑，她将徐志摩乘坐的那架失事的飞机的碎片留下了一块，放在床头，以便时时都能纪念徐志摩。4年后，林徽因写了一篇名为《纪念志摩去世四周年》的文章，追忆徐志摩。林徽因的这篇文章写得哀婉凄清。她在文中如此写道："这是什么人生？什么风涛？什么道路？志摩，你这最后的解脱未始不是幸福，不是聪明，我该当羡慕你才是。"

济南的公祭仪式举行完后，中国银行安排了一节火车，将徐志摩的遗体运到了上海，然后准备转到硖石安葬。

因为徐志摩当时在国内巨大的影响力，所以在徐志摩的遗体运抵上海万国殡仪馆后，徐志摩的亲朋好友又举行了一次公祭。

这次公祭，张幼仪因为心中难过，没打算参加，但她还是提前准备了一件黑色旗袍，以防公祭时发生意外，需要自己去处理。

公祭的那天下午，家里的电话果然响了，一个朋友让张幼仪赶紧去一趟公祭现场。到现场后，张幼仪先是给徐志摩的遗体鞠了三个躬，然后朋友走到她身边，告知了将她叫到公祭现场的原因。

原来，陆小曼想将徐志摩的寿衣换成西装，而且连同徐志摩的棺材也要一同换掉，改成西式的。

得知陆小曼的要求，张幼仪感觉简直是在胡闹。徐志摩是飞机失事离开的，他的身体已经经不得折腾了。

当即，张幼仪便向朋友说道："你只要告诉陆小曼，我说不行就好了。"

这句话，可能是张幼仪人生中为数不多的一次强势，而且这次强势，是为了徐志摩。


# 【3】乱世飘摇，砥砺前行

逝者已矣，生者如斯。

徐志摩离世后，张幼仪依旧操持着云裳服装公司和上海女子商业储蓄银行，徐申如则搬到上海，与张幼仪和孙子阿欢毗邻而居。

徐志摩生前，徐申如每个月会给徐志摩三百元钱，供徐志摩生活。徐志摩离世后，徐申如将这每月的三百元转给了陆小曼，因为徐申如觉得，陆小曼是徐家名义上的儿媳，自己对她负有供养的责任。

时间来到1937年。这一年的8月13日，日军入侵上海，上海百姓人心惶惶，逃难者不计其数，张幼仪担任副总裁的上海女子商业储蓄银行也因此受到影响。

出逃的百姓在逃离前纷纷去银行取存款，上海女子商业储蓄银行的现金因此短缺。在危急的时候，张幼仪不得不去寻找一家大一点的银行，以自己任职银行的建筑大楼为抵押，借了一笔现金。

但是张幼仪才从那家银行拿到四千元现金，一位顾客便来到银行，要求取出他之前存在银行的四千元存款。如果这位顾客将银行仅剩下的这笔钱取走，银行大概率会关门。

为了让银行存活下去，张幼仪找到了银行的经理，提议自己为那位顾客担保这笔钱，如果银行关闭，张幼仪将会为这位顾客支付那四千元。

那位顾客听闻张幼仪作保，答应不将那笔钱取出，并与张幼仪签了一份合同。签完之后，那位顾客对张幼仪说："如果是别人担保这笔钱，我不信；但是是你张幼仪担保这笔钱的话，我信！"

张幼仪在上海多年的信誉积累，在银行最危急的时候起了作用。

之后的那段日子里，张幼仪不论做什么事，都会将这份合同带在身上。张幼仪已经做好打算，假如自己在纷乱的时局中不幸身亡，自己身边的人也能知晓她对那位顾客负有责任，而后将那笔钱还给那位顾客。

最终，银行渡过了难关，张幼仪连本带利将那笔钱还给了那位顾客。

这次危机之后，张幼仪在银行的声望更高了，从一个依靠"走后门"进入银行的女子，到真正能承担副总裁这个职位的女强人，张幼仪获得了大家的尊重和认可。

日子一天天过去，阿欢也在一天天长大，转眼之间，时间来到 1939年。这一年，阿欢二十一岁，在那个年代，这个年纪很多人都已经娶亲了。但是张幼仪一直没提起这件事，因为张幼仪希望阿欢能够像他的父亲和他的几个舅舅一样，成为学贯中西的人物。

但阿欢二十一岁这年，张幼仪问了阿欢一个问题："你想娶一个什么样的太太？"张幼仪之所以问出这个问题，是因为她不想儿子重复自己的老路，被别人安排一个不熟悉的人结婚。

母亲的问题，让阿欢有些猝不及防，想了片刻之后，他对张幼仪回道："我只对漂亮姑娘感兴趣。"

徐积锴的话，让张幼仪留心了。

在忙完日常的工作后，张幼仪偶尔会去打牌，并且因此结识了一些牌友。在一次打牌的过程中，张幼仪意外听说了一个名叫张粹文的姑娘长得非常漂亮。

张幼仪觉得，也许这就是阿欢想找的妻子。不久，张幼仪带着阿欢同张粹文及张粹文的母亲一起吃了一顿晚饭，饭桌上，阿欢和张粹文聊了几句，对她一见钟情，张粹文也喜欢博学的阿欢，两人很快便开始谈起了恋爱，并在当年结了婚。

也许是因为自身的经历，所以张幼仪对张粹文和阿欢在学识上是否匹配相当在意，她担心儿媳步自己的后尘，特意为张粹文请了多位教师，教授张粹文英、法、德、中等各国的文学课，让张粹文提升自己。

后来，张粹文与阿欢一起移民美国，成为一名服装设计师，并在第五大道上的服装店展示过自己设计的衣服，她与阿欢也一直相处得很好。

1944 年，一直与张幼仪和阿欢相伴的徐申如已经 72 岁了。妻子和儿子相继离世后，徐申如就深居简出，身体也越来越差。到 1944 年 3 月时，徐申如的生命也即将走到尽头。

徐申如人生的最后一段时光，也是张幼仪侍奉的，就像当年在硖石，徐家老太太离世之前，张幼仪用心侍奉一样。

3月21日，徐申如离世。徐申如去世后，张幼仪为他举办了隆重的葬礼，并在几年以后，和阿欢一起，将徐申如的墓迁到了徐志摩的墓旁。在徐志摩去世之后，思念徐志摩多年的徐申如，终于能与爱子永远地在一起了。

徐申如生前，每个月会给陆小曼三百元生活费，徐申如去世后，这件事则由张幼仪承担了下来。张幼仪并不是觉得自己对陆小曼负有什么责任，毕竟陆小曼和自己没关系，她只是不希望徐志摩和徐申如一直在做的事情到自己这里断掉，而且在张幼仪看来，陆小曼曾经是徐志摩的妻子，自己的孩子阿欢有责任、有义务供养她。

张幼仪对陆小曼的供养一直持续了好些年，直到陆小曼的男朋友翁瑞午有一天告诉张幼仪，他卖了几吨茶叶，赚的钱足够陆小曼和他生活了，张幼仪才不再每个月给陆小曼寄钱。

1947年，张幼仪前往北京参加一个朋友的婚礼，没想到在这次婚礼上，另一位朋友告诉张幼仪，林徽因想见她一面。

此时的林徽因，因为肺结核做了一次大手术，正在住院。张幼仪不知道，病中的林徽因为什么想见自己，但她还是决定带阿欢前去探望。

当张幼仪见到林徽因时，林徽因已经虚弱得说不出话来了，她只能简单地移动头部，四处看一看。见张幼仪走到自己的病床前，林徽因没有说任何话，只是仔细看了看张幼仪和阿欢。

看到阿欢的时候，林徽因的眼睛明显亮了一下，也许是阿欢和徐志摩长得太像了，让她想起了徐志摩，所以她的眼睛才在刹那间绽放了一些别样的光彩。

对张幼仪来说，她对林徽因的感情很复杂，一方面自己和徐志摩的婚姻出现问题，似乎与她有一些关系；另一方面，自己与徐志摩的分开，其实是徐志摩主导的，毕竟林徽因从未接受过徐志摩的爱恋，也从未与徐志摩真正在一起过。

对于林徽因，张幼仪实在不知道自己应该以怎样的心态去对待她。说是恨，根本谈不上；说是爱，那更不可能。也许，张幼仪对林徽因有那么一丝丝的羡慕，羡慕她如此幸运，可以得到徐志摩的爱。

# 【4】远赴香港，夕阳之恋

1949 年 4 月，时局依旧纷乱，张幼仪在多方权衡、谨慎考虑后，做了一个决定——前往香港。

张幼仪选择香港作为自己落脚点的原因有二：其一，那时的香港还算太平，社会环境也有利于生活；其二，那时前往香港的人很多，张幼仪也是随了大流。

张幼仪到香港后，因为有一些积蓄，所以并没有吃太多苦，并且很快安定了下来。定居香港后不久，张幼仪通过朋友认识了一位名叫苏纪之的先生。

苏纪之是名医生，曾经在日本旅居过很长一段时间，已经离婚，有四个十来岁的小孩。他刚搬到香港不久，住在张幼仪楼下，因为两家人离得近，所以生活上彼此有困难，总是相互帮助，相处得很融洽。

1953 年，一个平凡的日子，苏纪之忽然向张幼仪求婚。自从 1922 年与徐志摩离婚后，张幼仪就从未想过再婚的事情，所以苏纪之的举动，把她吓了一大跳。

曾经失败的婚姻经历，让张幼仪有些犹豫——如果自己和苏纪之的这次婚姻再次失败，自己不仅会失去苏纪之这个朋友，而且说出去也不好听。但张幼仪的犹豫，并未阻断苏纪之的追求，他反而对张幼仪愈加关心。

一段时间之后，张幼仪终于被苏纪之打动。但即便如此，张幼仪也没有马上做出接受苏纪之求婚的决定，她觉得自己应该先询问一下娘家人的看法，再做决定。

张幼仪首先写信询问四哥张嘉璈的看法，此时的张嘉璈远在澳大利亚，收到信后，他回信给张幼仪说，他要再考虑考虑。

随后，张幼仪又给二哥张君劢去了一封信。张君劢面对这封信，回想起当年徐志摩和张幼仪的婚姻，自己就是介绍人。本来，他是想给张幼仪介绍一个好夫婿，可是万万没想到张幼仪和徐志摩的婚姻会以离婚收场。所以，收到妹妹的信后，张君劢的回复格外谨慎：

> 兄不才，三十多年来，对妹孀居守节，课子青灯，未克稍竭绵薄。今老矣，幸未先填沟壑，此名教事，兄安敢妄赞一词？妹慧人，希自决。

张君劢的这封信，实际上是告诉张幼仪，无论她做出什么样的决定，他都会支持。

按道理，收到二哥的回信后，张幼仪自己就可以决定是否和苏纪之结婚了，但是张幼仪觉得，作为母亲，她还应该尊重儿子阿欢的意见。于是，她又给阿欢去了一封信：

> 尔在美国，我在香港，相隔万里，晨昏谁奉？母拟出嫁，儿意云何？

收到母亲的来信，阿欢很快便给了回复：

> 母孀居守节，逾三十年，生我抚我，鞠我育我，劬劳之恩，昊天罔极。今幸粗有树立，且能自瞻。诸孙长成，全出母训。……去日苦多，来日苦少，

*综母生平，殊少欢愉，母职已尽，母心宜慰，谁慰母氏？谁伴母氏？母如得人，儿请父事。*

阿欢对母亲要出嫁一事，十分赞同。阿欢知道，母亲和父亲离婚之后，这么多年，她一直过得很辛苦，而且她一直未曾结婚，很大一部分原因是母亲要抚育自己。所以面对母亲想结婚的意思，他不仅支持，甚至允诺，如果张幼仪结婚了，他一定会将苏纪之当父亲对待。

得到儿子的回复，张幼仪终于放下心来，并与苏纪之登记结了婚。

和苏纪之结婚后，张幼仪每天都会同苏纪之还有他的四个孩子一起吃晚饭。细心的她很快发现，苏纪之的几个孩子，每天饭没吃完就离桌。张幼仪十分好奇，于是询问这几个孩子原因。

孩子们告诉张幼仪，原来苏纪之喜欢在吃饭的时候喝点葡萄酒或者啤酒，每次喝完之后，苏纪之就会发脾气和他们争吵，他们不想与父亲过多纠缠，所以每次吃完饭就赶紧下桌，免得又与父亲闹矛盾。

张幼仪感觉事态有点严重，于是找苏纪之商量。苏纪之也非常吃惊，他一直觉得，与孩子们偶尔争吵几句没什么，没想到孩子们竟对他如此反感。

张幼仪对苏纪之说道："以后你别喝酒了行不行，这样孩子们就会留在饭桌旁了。"

在张幼仪看来，一家人之所以为一家人，在同一张桌子上吃饭是最起码的。

这次谈话之后，苏纪之果然把酒戒了，并且此后滴酒不沾，家里的氛围比以前好了许多。

苏纪之一直有一个愿望，就是开一家诊所，治病救人，只是那时根据香港的法律规定，要开诊所，必须考取开业执照。在此之前，苏纪之是个中医，为了考取这个执照，苏纪之不得不去读一些大部头的西医书籍。

本来苏纪之备考这件事与张幼仪没什么关系，而且张幼仪也不懂医学。但是每天晚上，张幼仪还是会陪着苏纪之熬通宵。苏纪之在那里研读书籍，张幼仪就在一旁默默地陪着他。

不久，苏纪之成功考取了开业执照，并在香港开了两家诊所。在开诊所的那段日子里，苏纪之负责看病，张幼仪负责帮苏纪之接待来访的病人和登记病人看诊的时间。有时候，如果苏纪之在另一家诊所，病人又打电话过来，需要出急诊，张幼仪就会去苏纪之所在的那家诊所，告诉苏纪之看急诊的具体地点。

和苏纪之一起度过了几年平淡的时光之后，1967 年，张幼仪和苏纪之前往欧洲旅游了一趟。

这次旅游的路线，是当年张幼仪在欧洲生活过的地方。从康桥到巴黎，从巴黎到柏林，张幼仪以一种回顾人生的态度，走了一遍曾经走过的路。

## 【5】安度晚年，红颜凋零

从欧洲旅游归来后，张幼仪决定将徐志摩的全部著作整理成一套文集。张幼仪之所以有这个想法，是因为张幼仪觉得，她必须要让自己的儿孙了解徐志摩。虽然与徐志摩有过一段不完美的婚姻，但是在张幼仪看来，这无损徐志摩作为二十世纪中国代表诗人的光芒。

而且，张幼仪做出这个决定时，距离徐志摩去世已有三十多年，当年和徐志摩交好的朋友很多都已不在人世，若是再不整理，只怕徐志摩的作品会被埋没在故纸堆里。

当张幼仪将自己的想法告诉苏纪之的时候，苏纪之也颇为赞同。在苏纪之看来，徐志摩的文集是后人了解民国那个时代不可多得的材料。

整理徐志摩的文集，最主要的是找一个靠得住的人。

张幼仪不懂文学，苏纪之是个医生，也不懂。张幼仪要找的人必须是个文学大家，且了解徐志摩的过往，最好和徐志摩曾经共事过。只有这样，徐志摩的文集才能更好地呈现在世人眼前。

左选右选，最终张幼仪找到了徐志摩在《新月》月刊时的同事，彼时享誉文坛的大家梁实秋。选定梁实秋之后，张幼仪带着自己与徐志摩的信件，专门去了一次台湾，与梁实秋洽谈此事，并去信让此时身在美国的儿子徐积锴前往各大图书馆收集徐志摩生前写的文章、信件等资料。

1969 年 1 月，梁实秋编撰的《徐志摩全集》由台湾传记文学出版社出版，张幼仪总算完成了自己的心愿。

《徐志摩全集》出版之后的第三年，即 1972 年，有一天，张幼仪看见苏纪之的汗水不停地从他的毛呢夹克里渗出来，张幼仪意识到，苏纪之的身体可能出了问题，于是带着苏纪之前往医院检查。

检查完之后，医生将张幼仪叫道一旁说："你还有半年时间，得准备一下了。"

张幼仪询问医生苏纪之得的是什么病，医生告诉张幼仪："肠癌。"

医生嘴里冒出的这两个字，张幼仪只觉得一阵天旋地转。当年在柏林时，彼得也是因为肠子出了问题早早离开了她。而今，一起生活了不过十几年的苏纪之竟然又要离自己而去。

张幼仪更加珍惜与苏纪之在一起的时光，直到半年以后苏纪之逝世。

张幼仪将苏纪之安葬在了香港，让他与大海相伴，与狮子山相随。

1974 年，张幼仪搬到了美国纽约，与阿欢相聚。此时的阿欢已经有了孩子，张幼仪和儿子、孙子每天聚在一起，比以往的任何时候都更加快乐，尤其是当阿欢的孩子叫自己奶奶的时候。

晚年的张幼仪越发注重身体的健康。每天，张幼仪都会在早上七点半起床，然后做约莫一刻钟的体操，活动筋骨。活动过后，张幼仪开始吃早饭，早饭大多是麦片粥或者鸡蛋。下午，张幼仪会看看报纸，或者去学习社区提供的课程，比如德语又或者钩针编织。偶尔，张幼仪会打一打麻将。

就在张幼仪享受晚年生活时，张幼仪的侄孙女张邦梅有一天告诉张幼仪，她想为张幼仪写一本书，记录张幼仪曾遇到的人，曾经历过的事。面对儿孙辈的孙侄女，张幼仪没有拒绝。但在开始写书之前，张幼仪的八弟却打来电话，让张幼仪对徐志摩"手下留情"。

人至晚年，很多事情张幼仪都已经看淡了。她自然知道自己的兄弟们有多么热爱徐志摩，她本身也没打算说徐志摩的坏话。

在张幼仪看来，自己从一个乖巧顺从的姑娘，到一个有了自己事业的女人，再到儿孙满堂，其实得益于徐志摩与自己离婚。如果不是徐志摩那么狠心，张幼仪大概也不可能学会独立，从一个传统女子转变为现代女性。

1988 年，张幼仪已经 88 岁了。此时，支气管炎折磨着她的身体，除了偶尔在家里活动一下，更多的时候她则是躺在病床上。

在人生的最后阶段，张幼仪的儿孙们就像张幼仪年轻时照顾自己的父母和徐志摩的父母一样，寸步不离地照顾着她，直到某一个夜里，张幼仪进入梦乡，再也没有醒来。

一代红颜，一个在民国那个纷乱年代里从传统走向现代的女性，就此凋零。

张幼仪离世后，她的儿孙和晚辈们为她举行了一场葬礼。她的墓碑上，镌刻着"苏张幼仪"四个大字。

人生海海，起落浮沉。张幼仪人生的终点，落在了那个名叫苏纪之的男人身上。

后辈们本以为，在异国他乡，除了亲人，没有人会记得这位曾在民国舞台上绽放过自己光芒的女性，但是没想到葬礼那天，来悼念的宾客多达两百余人，其中既有张幼仪的故友，也有张幼仪平日一起用餐、一起打牌、一起学习德文的邻居，每个人都为张幼仪的离去而悲伤。

就连天空、白云、飞鸟，似乎也在低声说着："你好，幼仪；再见，幼仪。"

全书完

2022 年 4 月 8 日

# 后　记

　　张幼仪不像政治人物，有着宏伟而复杂的过往；也不像明星，有着熠熠的生命轨迹；更不像艺术家，有青史留名的作品；甚至，在感情世界里，她曾经是一个失败的人。

　　但在了解了张幼仪的过往后，我还是不可避免地喜欢上了她。因为我觉得，张幼仪是真实的，她就像生活在我们身边的某个朋友，有喜，有悲，有成功，有失败。我们不必仰望她、羡慕她，甚至我们踮踮脚、伸伸手，就可以触摸到她。

　　这本书的动笔时间，是在去年5月份前后。那时我到北京不久，去参加朋友林红光导演的一部电视剧的研讨与创作。中间因为一些问题，我们的工作暂停了，我便将心思转到了这本书的创作上。

　　写下这本书的第一句话是在一个下过雨的下午。那时我看着窗外被雨打落的叶子，闻着清新的空气，心里杂乱得很。当时我反反复复，写了数个版本的开头，都不满意，直到脑海中突然冒出一句："我们走在一条永远只能向前的路上，并不知自己为何出发。"

　　写完这本书的最后一句话，是在一个下着雨的中午。天阴沉得可怕，可是我的内心却十分宁静。张幼仪的一切，似乎都再次展现在了我的眼前——她无忧无虑的少女时代，她艰难的求学之路，她与徐志摩十里红妆式的定亲和结婚，她在欧洲的生活，她回国后完成人生逆袭的成长之旅……

从接下选题，到写完这本书，张幼仪"伴随"了我将近三年的时间。这三年，对我来说，既有我笔下的张幼仪的成长，也有我自己的成长。张幼仪教会了我如何在生命陷入困苦的时候，努力向上走。

本书成书过程中，一些朋友对我帮助颇多。曾对我讲述民国上海风情和习俗的魏书仪导演，曾鼓励我不要放弃的制片人王悦希，认识多年的朋友冰曦小姐，还有时常给予我鼓励的黎妍同学……

感谢你们，因为有了你们的帮助，才有了这本书。

汪晓寒

2022年4月24日于武汉